MARIE DE COMPIÈGNE

d'après

L'ÉVANGILE

AUX FEMMES

Extrait du Tome III
du *Bulletin de la Société historique de Compiègne.*

MARIE DE COMPIÈGNE

D'APRÈS

L'ÉVANGILE
AUX FEMMES

TEXTE PUBLIÉ POUR LA PREMIÈRE FOIS DANS SON INTÉGRITÉ

D'APRÈS LES QUATRE MANUSCRITS CONNUS

DES XIIIe XIVe ET XVe SIÈCLES

AVEC

UN COMMENTAIRE PHILOLOGIQUE & GRAMMATICAL

ET UNE DISSERTATION SUR L'ORIGINE PROBABLE DE CE FABLIAU

PAR

M. CONSTANS

PROFESSEUR AGRÉGÉ AU LYCÉE DE SENS

PARIS
LIBRAIRIE A. FRANCK
F. VIEWEG, PROPRIÉTAIRE
67, RUE RICHELIEU, 67
1876

MARIE DE COMPIÈGNE

ET

L'ÉVANGILE AUX FEMMES (1)

I

MARIE DE FRANCE ou MARIE DE COMPIÈGNE

Marie de France a été l'un des poètes les plus remarquables du treizième siècle. A ce titre, elle mérite d'attirer l'attention de tous ceux qui étudient les origines de notre

---

(1) BIBLIOGRAPHIE DE LA QUESTION. — *Notice de Marie de France*, dans la Revue anglaise ARCHÆOLOGIA (t. XIII, p. 36), par l'abbé de La Rue, professeur d'histoire à l'Académie de Caen, correspondant de l'Institut (1806).

Œuvres de Marie de France, avec une notice de M. de Roquefort, Paris, chez Chassariau, 1820, 2 vol.

Jongleurs et Trouvers, par M. Jubinal, Paris, 1835.

Les Lais de Marie de France, traduction en vers allemands, précédée d'une introduction, par M. Hertz. Stuttgard, 1862.

Fables inédites des XIIe, XIIIe *et* XIVe *siècles*. Paris, 1825, par M. Robert.

Le Grand-d'Aussy (fabliaux ou contes, 3e édit., Paris, 1829).

De ætate rebusque Mariæ Francicæ nova quæstio instituitur. Dissertatio inauguralis, etc., par M. Ed. Mall.

Et accessoirement :

A. Rothe (*Les Romans du Renard examinés*, etc. Paris, 1845).

Méon (*Le Roman du Renard*. Paris, 1826).

De Reiffenberg (*Chronique de Ph. Mouskès*).

F. Michel (*Rapport à M. le Ministre de l'Instruction publique, sur la vie de Saint Edmond, de Denys-Pyramus*).

littérature nationale, et qui s'intéressent aux productions si curieuses du moyen-âge. Mais son nom offre pour la Société historique de Compiègne un intérêt particulier; en effet, Marie de France a été plusieurs fois nommée *Marie de Compiègne*, et les deux noms s'appliquent à une seule et même personne, comme j'espère le prouver dans cet essai. J'ai donc cru pouvoir revendiquer pour notre Société l'étude de cette femme-poète, et m'occuper de sa personne et de ses écrits, sans sortir du cadre de vos travaux.

Marie naquit à Compiègne vers la fin du douzième ou au commencement du treizième siècle; mais elle n'y fit pas un long séjour. Transportée dès son enfance en Angleterre, elle y passa la plus grande partie de sa vie (1). C'est là, ou peu s'en faut, ce que l'on peut affirmer de Marie d'une façon certaine : car elle ne nous a laissé dans ses écrits que bien peu de détails sur sa personne et sur sa vie, et en l'absence de documents positifs, il serait imprudent de bâtir de toutes pièces une biographie de fantaisie. Voici cependant ce qui nous semble découler de quelques témoignages qui nous sont restés à son sujet chez les auteurs ses contemporains, et des rares passages de ses écrits où l'auteur parle d'elle-même.

Qu'elle soit née en France, nul ne saurait le contester sérieusement, car elle a pris soin de nous en instruire par ces vers qui terminent le recueil de ses fables :

« Au finement de cest escrit,
« K'en Romanz ai turné et dit,
« Me numerai par remembraunce,
« Marie ai nom, si sui de Fraunce. »

Un autre poète de cette région de la France, *Guernes de*

---

(1) M. G. Paris croit avec quelque raison que Marie séjourna quelque temps en Flandre, sans doute à la cour du comte Guillaume, à qui elle a dédié ses fables. Cela ressort de passages des fables signalés par M. Molant, dans sa dernière édition des *Fables de La Fontaine*.

Pont-Sainte-Maxence, qui écrivait à Cantorbéry, au douzième siècle, a soin, comme Marie, de prévenir ses auditeurs ou ses lecteurs qu'il est né Français, et qu'ainsi ses poésies doivent être plus estimées pour la correction et la pureté du style, que celles des poètes *anglo-normands* nés en Angleterre.

Une courte digression est peut-être nécessaire ici à l'intelligence de ce qui précède. Quand Philippe-Auguste, mettant à profit l'apathie du roi d'Angleterre Jean-Sans-Terre, et ses querelles avec les barons, se fut emparé de la Normandie, du Maine, du Poitou et de plusieurs autres provinces que les Anglais possédaient encore en France (1204), il s'établit un courant d'émigration considérable vers la Grande-Bretagne. Un grand nombre de seigneurs, que leur attachement aux ducs royaux de Normandie empêchait de se soumettre au roi de France, repassèrent la Manche; à leur suite partirent ces trouvères accoutumés à vivre des bienfaits intelligents de Guillaume-le-Conquérant. Ils allèrent rejoindre ceux qui, dès le siècle précédent, s'étaient établis en Angleterre, comme Guernes, Benoit de Sainte-Maure, Wace, et tant d'autres, comptant y trouver comme eux une généreuse hospitalité. Une autre raison les poussait peut-être à cette désertion, comme le fait observer M. de Roquefort, c'est le peu de cas que Philippe-Auguste faisait des jongleurs; c'est surtout le désir de se soustraire aux mesures vexatoires prises contre eux par ce prince, et qui furent renouvelées sous le règne de Saint-Louis. D'ailleurs, Marie avait d'autres raisons de passer en Angleterre. Nous verrons plus tard qu'elle était de noble race, et il est probable que sa famille fut de celles qui restèrent fidèles au roi anglo-normand dépossédé, et qu'elle fut emmenée dès son bas-âge à la cour d'Angleterre. Si elle composa toujours en langue d'oïl, ce fut sans doute par attachement pour son pays natal, et aussi pour suivre ce mouvement général qui portait toutes les nations de l'Europe à parler la langue des jongleurs et des troubadours. Déjà, en effet, l'Angleterre et l'Allemagne admiraient les productions de notre génie national, et non-seulement on y traduisait les beaux poèmes du douzième et du treizième siècle, mais encore on en écrivait en langue d'oïl ou en langue d'oc. En Angleterre, surtout, on voyait de nombreux poètes s'exercer dans la langue des Français du Nord; mais ils étaient le plus souvent vaincus dans cette lutte par les poètes français émigrés, qui avaient bien soin, comme il a été dit plus haut, de se prévaloir hautement de leur origine. Presque tous trouvaient moyen d'insérer dans leurs ouvrages, comme une signature authentique, leur nom et celui de leur ville natale. Marie, cependant, ne se donna jamais le nom de *Marie de Compiègne*, du moins dans ceux de ses écrits qu'on s'accorde à lui attribuer. Elle préféra prendre le nom même du royaume, et signer ses fables du nom de *Marie de France*; ce qui prouve, à notre avis, qu'elle avait une haute idée de sa valeur, et que, sûre de sa supériorité sur ses rivaux, elle croyait représenter mieux que tout autre la poésie française en Angleterre. On pourrait peut-être en conclure aussi qu'elle était fort jeune lorsque sa famille l'emmena en Angleterre, et qu'elle n'avait emporté de son court séjour dans sa ville natale qu'un souvenir peu profond.

Tout cela n'a pas peu contribué à jeter de l'obscurité sur le lieu précis de sa naissance. M. l'abbé de La Rue, qui a publié en 1806, dans la Revue anglaise *Archæologia*, une notice pleine d'erreurs sur Marie de France, suppose sans preuve qu'elle est née en Normandie. Il se base sans doute, pour avancer cette opinion, sur le fait de son passage en Angleterre, après la conquête de la Normandie par le roi de France.

M. de Roquefort, membre de l'Institut, qui en 1820 s'est fait l'éditeur de Marie de France, n'en sait pas plus long sur cette question que l'abbé de La Rue; il ne fait, du reste, que suivre en tout point les indications biographiques et les erreurs grossières de celui qu'il appelle le savant abbé de La Rue, et qui ne montrait guère de scrupules pour affirmer sans preuve, ou même contre la vérité évidente, des erreurs impardonnables. Ni l'un ni l'autre ne soupçonnait l'identité de *Marie de France* avec *Marie de Compiègne*. En effet, Roquefort, dans son *Lexique Roman*, cite plusieurs vers d'un *fableau* (1) intitulé l'*Evangile as fames*, qu'il attribue à Marie de Compiègne, et dont la rédaction première au moins est bien d'elle, comme j'espère le prouver dans la conclusion de ce travail; et dans la liste des auteurs cités dans la Table qu'il place à la fin de l'ouvrage, il donne séparément Marie de France pour ses *Lais* et ses *Fables*, et Marie de Compiègne pour le fableau l'*Evangile as fames*. D'autre part, il ne fait pas figurer ce fableau dans l'édition des œuvres de Marie de France, laquelle est postérieure au Lexique Roman. Il distingue donc deux Marie, bien à tort, selon nous.

Des critiques plus sérieux ont depuis lors étudié incidemment la vie et les œuvres de Marie : par exemple, M. Méon (*Le Roman du Renard*, Paris, 1826, I. pp. VII, sqq.); M. A. Rothe (*Les Romans du Renard examinés*, etc, Paris, 1845, pp. 316, sqq.); M. de Reiffenberg (*Chronique de Ph. Mouskès*, I, pp. CXCIII, sqq.), qui tous s'accordent à reconnaître que Marie florissait au milieu du treizième siècle, mais sans trancher la question du lieu de sa naissance. M. Edouard Mall, dans une thèse de doctorat soutenue à Hall, en 1867 (2), a présenté quelques-uns des arguments que nous avions déjà présentés nous-même à la Société historique de Compiègne avant d'avoir connaissance de son travail, et il

---

(1) Forme préférable à *fabliau* qui est un barbarisme, en vieux français et en français moderne, comme l'a fort bien fait observer M. Gaston Paris, (V. Romania, t. III, p. 292).

(2) *De ætate rebusque Mariæ Franciæ nova quæstio instituitur. Dissertatio inauguralis*, etc.

croit que Marie est née à Compiègne. Nous ne pouvons donc que persister dans nos conclusions, appuyées d'ailleurs sur de nouveaux arguments qui nous paraissent plus concluants encore. Jubinal, et après lui, Rothe (*Loco citato*, p. 326), Dinaux (*Les Trouvères de la Flandre*, p. 310) et les auteurs de l'*Histoire littéraire de la France* (t. XIX, p. 793) croient que dans le fableau attribué à Jehan Dupin, et intitulé l'*Evangile as fames*, il s'agit de Marie de France (1). M. Hertz, dans la préface de la traduction en vers allemands des *Lais de Marie*, n'admet pas cette opinion, mais sans donner des raisons bien sérieuses, et sans insister beaucoup. M. de Reiffenberg (l. c. II, p. 742), hésite à se prononcer. Nous verrons bientôt que les preuves abondent.

Notons d'abord que les auteurs du moyen-âge qui parlent de notre poète la nomment simplement Marie. Ainsi, Denys Pyrame, dans sa *Vie de Saint-Edmond* (V. Rapport à M. le Ministre de l'Instruction publique par M. Fr. Michel, Paris, 1838, p. 231), après avoir fait l'éloge de l'auteur du Roman de Parthenopex de Blois, fait en ces termes celui de Marie :

> E *dame Marie* autresi
> Qui en rime fist e basti
> Et composa des vers de Lais,
> Ki ne sont pas du tout verais ;
> Si en est elle mult loee,
> Et la rime partout amee,
> Kar mult l'aiment, si l'unt mult cher
> Comte, baron et chevaler,
> Et si en aiment mult l'escrit
> Et lire le funt, si unt delit,
> Et si les font sovent retraire.
> Ses lais soleient as dames plaire.
> De joie les oient et de gré
> Kar sont selon lur volonté, etc.

(1) Voici les vers en question :
    Couplet 1. — Marie de Compiegne le conquist oultre mer.
    Couplet 2. — Ne que fait le renart qui happe la geline,
               Si come le raconte Marie de Compiegne.

L'épithète de *dame* qu'il accole à son nom montre de plus qu'elle était de noble famille. D'autre part, l'auteur inconnu du *Couronnement du Renart* dit au vers 3360 :

> Et pour çou dou comte Guillaume,
> Qui ceste honor eust encharcie,
> Pris mon prologue com *Marie*,
> Qui pour lui traita d'Izopet.

Ces deux exemples suffisent pour montrer que lorsqu'on parlait de Marie, tout le monde entendait qu'il s'agissait de Marie de France, l'auteur des *Lais* et des *Fables*, et qu'au treizième siècle, aucune autre femme du nom de Marie ne s'était distinguée dans les lettres. D'ailleurs, les deux premiers couplets de l'Evangile aux Femmes établissent que l'auteur des Fables et des Lais est bien Marie de Compiègne, et par conséquent que Marie de France était née à Compiègne. Mais nous reviendrons en détail sur cet argument décisif, quand nous traiterons, à la fin de ce travail, la question de l'origine du fableau l'Evangile aux Femmes. Provisoirement, nous considérerons la question comme suffisamment éclaircie, et nous appellerons désormais notre poète Marie de Compiègne, et non Marie de France.

Nous avons dit que Marie passa en Angleterre la plus grande partie de sa vie. Cependant, il semble établi qu'elle a fait un séjour à la cour de Flandre : car elle dédie ses fables à un comte Guillaume, qui n'est autre, comme l'a fort bien démontré M. Ed. Mall, que Guillaume de Dampierre, fils de Guillaume de Dampierre et de Marguerite II, comtesse de Flandre. Ce ne peut être en effet ni Guillaume, le mari de cette Marguerite, puisqu'il mourut dans un tournoi en 1241, trois ans avant que Marguerite n'obtint le comté de Flandre, ni Guillaume-Longue-Épée, fils naturel du roi d'Angleterre Henri II, créé par Richard-Cœur-de-Lion comte de Salisbury. Marie n'a guère pu connaître le comte de Flandre que sur le continent puisqu'il était vassal du roi de France. Disons en passant que le fils de Marguerite étant mort en 1251, et le mariage de son père datant de 1218, Marie, qui l'appelle *le plus vaillant de cest royaume*, n'a pu lui dédier ses fables qu'entre les années 1244 et 1251, c'est-à-dire vers 1248, au moment où il se distinguait en Egypte, sous Saint-Louis.

Avant cette époque, Marie avait déjà composé des *Lais*, qu'elle dédia à Henri III, roi d'Angleterre (1), son protecteur, vers 1245, d'après le calcul de M. Mall. Le poème du *Purgatoire* doit être l'œuvre de sa vieillesse : car les poètes du moyen-âge croyaient souvent devoir expier leurs œuvres légères ou galantes en traitant des sujets religieux. Denys Pyrame fait cet aveu pour lui-même dans le prologue de sa *Vie de Saint-Edmond*.

Marie semble être morte à la cour d'Angleterre, où elle jouissait d'une grande faveur et d'une immense réputation, justifiée d'ailleurs par son talent poétique et par l'élégance de ses œuvres. Nous allons dire un mot de chacun de ses ouvrages en particulier.

---

(1) Henri III régna de 1216 à 1272, et épousa en 1236 Éléonore de Provence. Il mena une existence fort agitée par ses querelles avec ses barons, fut vaincu à Taillebourg et à Saintes par Saint-Louis (1242); il ne put reprendre la Normandie, mais conserva cependant la Guyenne.

II

LAIS DE MARIE DE COMPIÈGNE

Avant que Roquefort n'éditât les œuvres de Marie de Compiègne, on ne connaissait d'elle que les fables traduites par Legrand-d'Aussy, qui avait aussi publié et traduit, mais sans nom d'auteur, quatre de ses Lais d'après le mss de la Bibliothèque nationale, lequel n'en contient que cinq, savoir : 1° Le lai de Guyemer, seigneur de Léon, dans la Basse-Bretagne, 2° le lai de Lanval ; 3° le lai de Ywenec ; 4° le lai de Graelent (ce sont des noms de chevaliers bas-bretons, dont Marie raconte en vers français les aventures merveilleuses ou les histoires galantes) ; 5° le lai de l'Espine, où nous voyons se dérouler sous une forme fort intéressante les amours d'un autre chevalier bas-breton. Roquefort nous a fait connaître de nouveaux lais, plus intéressants que les premiers, qu'il a tirés, ainsi que le prologue, du mss de la Bibliothèque Harléienne, n° 798, au *British museum*. On y trouve, outre un prologue fort curieux par les détails historiques et les indications personnelles qu'il donne sur l'auteur, 12 lais dont 3 (le lai de Guyemer, le lai de Ywenec et le lai de Lanval) étaient connus par les mss français (1). Voici le titre des 9 autres : 1° Le lai d'Equitan ; 2° le lai de Milun ; 3° le lai d'Elivin ; 4° le lai de Bisclavaret (ce sont autant de noms de chevaliers bas-bretons dont les aventures, parfois tragiques, ne manquent pas d'intérêt) ; 5° le lai du Chaitivel, c'està dire du malheureux, parce que le chevalier dont il est question reste seul des quatre rivaux qui se disputaient dans un

---

(1) Les deux autres lais (le lai de Graèlent et le lai de l'Epine) que donne Roquefort et qu'il attribue sans autorité à Marie, sont considérés avec raison, par M. Mall, comme apocryphes.

tournoi l'amour d'une belle dame ; 6° le lai du Laustic (lisez du rossignol), chef-d'œuvre de naturel et de sensibilité ; 7° le lai du Chèvrefeuille (c'est un épisode du roman fameux de Tristan de Léonnois et de sa mère, la blonde Yseult) ; 7° le lai du Fresne (il s'agit ici d'une demoiselle de haut lignage, exposée comme enfant naturel, et dont on reconnaît enfin la naissance légitime) ; 9° le lai des Deux-Amants (deux jeunes gens meurent victimes de leur tendresse mutuelle, et de l'injustice de leurs parents qui s'opposent à leur union). On voit encore, près de Rouen, le prieuré des Deux-Amants qui marque le lieu de la scène.

Les lais furent le premier ouvrage de Marie. Elle déclare elle-même qu'elle les composa sur l'ordre du roi, qui avait sans doute eu l'occasion d'apprécier son talent de poète. On y remarque déjà toutes les qualités qui distinguent son style et sa manière : de la vivacité, une grande finesse de tact et de discernement, du naturel et parfois même une élévation de pensée qui étonne en un pareil siècle. Les descriptions sont toujours exactes et pleines de détails précieux sur les mœurs du treizième siècle en Angleterre et en Basse-Bretagne. Tous les sujets de ces lais sont du reste tirés des romans et des légendes du Cycle d'Arthur, dont Marie a emprunté les épisodes les plus intéressants en donnant aux noms propres gallois ou bas-bretons une forme anglaise. « A un goût épuré, dit dans sa notice l'abbé de la Rue, à des formes gracieuses, à des pensées agréables, Marie joignait une grande sensibilité, et souvent la muse anglaise semble l'avoir inspirée. » J'aimerais mieux qu'il eût dit la muse française. Car une femme née et élevée en France devait précisément allier la sensibilité et l'exquise simplicité naturelle à son sexe et à son époque, à la fierté traditionnelle des héros de la Table-Ronde. De là, cette étonnante variété dans le ton, ce choix heureux des sujets et des situations, presque toujours dignes de pitié, et ces mâles accents qui parfois retentissent à côté de descriptions pittoresques et de scènes doucement émues.

Marie a dû aussi emprunter quelque chose à la muse latine. Elle doit sans doute à sa connaissance de la littérature romaine une partie de ses qualités, entre autres son goût exquis, qualité si rare au moyen-âge. Il est incontestable qu'elle savait le latin. Je n'en donnerai pour preuve que le prologue de ses lais, où elle fait allusion à un passage de Priscien (1), grammairien latin certes beaucoup moins connu que Virgile ou Horace, et que personne assurément ne s'était encore avisé de traduire, à une époque où la connaissance de l'antiquité était le privilége des clercs, et où bien des poètes avouaient leur ignorance en pareille matière. D'autre part, dans son poème du Purgatoire de Saint-Patrice, Marie cite souvent des passages d'écrivains ecclésiastiques latins, comme saint Grégoire et saint Augustin, et l'ouvrage lui-même semble être traduit du latin. Elle prétend en effet (V. 2297 sqq) l'avoir composé pour qu'il fût « entendables a laïc genz et convenables », opposant ainsi le langage vulgaire, c'est-à-dire la langue des laïques à la langue des clercs, c'est-à-dire au latin. Elle dit bien dans le prologue de ses lais qu'elle ne veut pas traduire des contes du latin, parce que c'est trop commun ; mais elle a pu changer d'avis ; et d'ailleurs elle déclare au commencement du poème qu'elle a eu des raisons particulières de le composer, sans s'expliquer davantage à ce sujet.

Une seule chose pourrait inspirer quelques doutes, c'est ce que dit Marie dans l'épilogue de ses Fables :

Henri, dit-elle en parlant de l'Ysopet, ou recueil de fables ésopiques,
« Le translata puis en angleiz,
« Et jeo l'ai rimé en franceiz. »

(1) Voici ce passage : « Fabula est oratio ficta verisimili dispositione imaginem exhibens veritatis. Ideo autem hanc primam tradere pueris solent (oratores), quia animos eorum adhuc molles ad meliores facile vias instituunt vitæ. Usi sunt tamen eâ vetustissimi auctores, etc. »

Mais, à notre avis, cela n'implique pas qu'elle fut dans l'impossibilité de lire la rédaction latine dont nous parlerons plus loin. C'est sans doute par respect pour son royal protecteur, qu'elle aura voulu donner pour base à ses fables en vers français la version anglaise que le roi d'Angleterre Henri III (1) avait écrite sur une rédaction latine antérieure des fables ésopiques; à moins qu'on n'aime mieux croire que Marie n'avait point à sa disposition le texte latin, et qu'elle a dû se contenter de la version anglaise. Mais cela n'infirme en rien les raisons données plus haut, et ne prouve pas qu'elle ait ignoré le latin. Nous reviendrons sur cette question dans le chapitre suivant.

---

(1) Les manuscrits ne sont pas d'accord sur le nom du roi mentionné dans le prologue des fables. Quelques-uns portent le nom de Henri, et l'on croit qu'il s'agirait du roi Henri III, déjà mentionné plus haut, et que l'on sait avoir été ami des lettres et protecteur des poètes.
Voici, du reste, les vers en question :

Pur amur le cumte Wuillaume,
Le plus vaillant de cest royaume
M'entremis de cest livre feire
E de l'Angleiz en Roman treire,
Ysopet apeluns ce livre,

Qu'il traveilla e fist escrire,
De Griu en latin le turna
Li Rois *Henris*, qui mult l'ama,
Le translata puis en Engleiz,
Et jeo l'ai rimé en Franceiz.

III

FABLES DE MARIE DE COMPIÈGNE

Ce qui a fait la réputation de Marie de Compiègne jusqu'à l'époque assez récente où la plus grande partie de ses *Lais* ont été retrouvés, ce sont ses fables ou son livre intitulé : *Le dit d'Ysopet* (petit Esope). Quand le célèbre fabuliste grec Esope, qui vivait au 6ᵉ siècle avant Jésus-Christ, eut, non pas, comme on l'a cru, inventé l'apologue, (car il est de tous les temps, et les Indiens en ont qui datent de 1500 ans et plus avant J.-C.), mais imaginé un certain nombre de fables nouvelles, et popularisé l'apologue en Grèce, tous ceux qui écrivirent des fables s'intitulèrent écrivains de fables ésopiques. En réalité, Esope lui-même n'a jamais rien écrit, et le recueil de fables que nous avons sous son nom et qui est rédigé en prose grecque de l'époque classique, est l'œuvre d'un moine grec du quatorzième siècle, nommé Planude. Phèdre lui-même, le grand fabuliste latin, ne se donne pas comme original, il se met sous la protection d'Esope et ne se donne que comme rédacteur de ses fables, quoique un certain nombre soient assurément de son invention. Les fables de Phèdre eurent un si grand succès qu'on en fit des transcriptions en prose plus ou moins exactes, en se contentant parfois de défaire les vers pour donner à la phrase une allure plus libre, ou peut-être pour déguiser le plagiat. Une des plus connues est celle qui porte le nom de *Romulus* et qu'on a attribuée sans aucune vraisemblance à Romulus Augustule, le dernier empereur d'Occident (1). L'auteur de cette rédac-

---

(1) Schwabe (Edition de Phèdre. Préface), croit que ce n'est pas un pseudonyme, mais ne sait rien du personnage. Vincent de Beauvais croyait que Romulus avait traduit Esope ; la comparaison avec Phèdre prouve que l'auteur de cette rédaction n'a fait souvent que retourner les vers du fabuliste latin.

tion en prose n'a sans doute pris ce nom que comme un pseudonyme. Les trois premiers livres ont été au douzième siècle paraphrasés en vers élégiaques par un anonyme qu'a édité Nevelet en 1610, et qui est connu sous le nom de *Anonymus Neveleti*. C'est cette paraphrase que le moyen-âge connaissait sous le nom d'*Ysopus* (1), d'où le titre du recueil de Marie, *Ysopet* (petit Esopus).

D'après le témoignage de Marie, un roi d'Angleterre, Henri III ou tout autre (mais ce ne peut être qu'à la fin du douzième siècle ou au commencement du treizième), aurait traduit l'Ysopet en anglais, et cette version aurait servi de base au travail de notre poète. Assurément, Marie se trompe en affirmant que le roi Henri (2) le traduisit d'abord du grec en latin, et puis du latin en anglais. Nous venons de voir, en effet, qu'il n'existait pas à cette époque de rédaction grecque des fables ésopiques, et elle ne fait que suivre la tradition en attribuant à Esope la paternité des fables latines. Mais l'existence d'une version anglaise de l'Ysopet a été constatée par M. de Roquefort, qui a eu, il est vrai, le tort de croire qu'elle avait été faite sur une rédaction grecque des fables d'Esope. Il est facile, en effet, de voir l'analogie du texte de Marie avec la rédaction en prose de Romulus et avec les vers élégiaques qui en sont la paraphrase. Et c'est sur cette ressemblance incontestable que se basait Legrand-d'Aussy, quand il affirmait que les fables de Marie avaient été tirées directement du latin, et que ces mots de l'Epilogue : *le translata puis en angleiz*, n'étaient qu'une vaine formule, pour obéir à la mode, de même qu'au siècle précédent on disait des chansons de gestes, pour leur donner de l'autorité, qu'elles étoient traduites du latin. Mais cette conjecture ingénieuse tombe d'elle-même à l'examen du texte. En effet, les fables, comme les lais, sont écrites dans le

(1) Cf. Œsterley, *Romulus*, p. XXIV.
(2) Voir la note à la fin du chapitre II.

dialecte anglo-normand, du moins dans les bons manuscrits.
Quelques mss. portent des traces nombreuses de l'orthographe
et de la prononciation picardes, ou même de celles de l'Ile-
de-France ; mais on peut en rendre responsable le scribe.
Voici un indice plus caractéristique. On rencontre dans les
fables un assez grand nombre de mots purement anglais, par
exemple les mots *wolke* (tortue), *witecoes* (grosse bécasse) etc.,
soit que l'auteur, ayant un peu oublié la langue de son enfance,
n'ait pas trouvé l'équivalent exact en français, soit qu'elle ait
conservé le mot de la version anglaise, pour être mieux com-
prise de ses lecteurs. On trouve d'ailleurs dans les *Fables* des
allusions à des ordonnances royales relatives à l'organisation
de l'Angleterre à cette époque ; on y trouve même des noms de
comtés, qui ne sauraient évidemment être ni dans Romulus, ni
dans aucune autre des rédactions latines un peu anciennes. Il
me paraît donc évident que Marie a traduit ses fables sur une
version anglaise de l'Ysopus. Il va sans dire que cette traduction est un peu large, et que l'individualité de l'auteur s'y met
parfaitement à l'aise. Je n'en veux pour preuve que la fable
de Phèdre si connue par l'admirable imitation de La Fontaine,
le Renard et le Corbeau. Je donnerai d'abord le texte latin de
Phèdre, et ensuite la fable de Marie. Quant à celle de La Fontaine, elle est dans toutes les mémoires.

VULPES ET CORVUS.

Qui se laudari gaudet verbis subdolis,
Seræ dat pœnas turpes pœnitentiæ.
Cum de fenestra Corvus raptum caseum
Comesse vellet, celsa residens arbore,
Hunc vidit Vulpes, deinde sic cœpit loqui :
« O qui tuorum, Corve, pennarum est nitor !
« Quantum decoris corpore et vultu geris !
« Si vocem haberes, nulla prior ales foret. »

At ille stultus, dum vult vocem ostendere,
Emisit ore caseum, quem celeriter
Dolosa Vulpes avidis rapuit dentibus.
Tum demum ingemuit Corvi deceptus stupor.
Hac re probatur quantum ingenium valet ;
Virtute semper prœvalet sapientia (1).

D'UN CORBEL QUI PRIST UN FROMAIGE (2).

Ensi avint, e bien puet estre,
Ke par devant une fenestre,
Ki en une despense feu,
Vola un Corb ; si a veü
Furmaiges qui dedens esteient,
Et seür une cloie giseient ;
L'un en a pris, si s'en reva.
Un Vorpilx (Renard) vint, si l'encuntra,
Dou fourmage ot grant desirier
Que il en puist sa part mengier.
Par engin (ruse) volra essaier
Si le Corb purra engingnier (tromper).
« Ha! Diex sire! (Seigneur Dieu !) fit li Gorpix,
« Cum ist or (certes) cest oisiaus gentix !
« El munde n'a si bel oisel ;
« Unc (jamais) de mes elx (yeux) ne vi si bel.
« Fust tieus ses chans cum est ses cors (si son chant était tel
   [que son corps).
« Il vaurait miex que nuls fins ors. »
Li Corbs s'oï si bien loer,
Qu'en tot le munde n'ot sun per (son pareil) ;
Purpensez s'est (il s'est imaginé) qu'il cantera,
Pur canter sun los ne perdra ;
Sun bec uvri, si cummença ;

(1) La fable de Phèdre a deux morales, l'une au commencement, l'autre à la fin ; celle de Marie n'en a qu'une, à la fin, laquelle se rapporte plutôt aux deux premiers vers de Phèdre.
(2) Dans le manuscrit du président Fauchet, on lit : *Li parole du Coc et du Gorpil*, et ailleurs : *Dou Corbel e d'un Werpil*. Je dois prévenir du reste que je prends le texte tel qu'il est dans l'édition Roquefort, avec ses incohérences d'orthographe, et la combinaison des divers manuscrits familière à l'éditeur.

Li furmaiges li escapa,
A la terre l'estut chéir (il fallut nécessairement qu'il tombât),
E li Houpix le vet (va) saisir ;
Puis n'ot-il cure (souci) de son chant,
Car del fourmaige ot sun talent (son désir, c.-à-d. se rassasia).

MORALITÉ.

Cis example est des orgueillox
Ki de grant pris sunt desiriox ;
Par lusenger (fausses louanges) e par mentir,
Les puet um bien a gré servir
Le lor despendent folement
Pur fause loange de la gent (des gens) (1).

Un petit nombre de fables pourraient passer pour être de l'invention de Marie : quelques-unes sont plutôt des contes charmants que des apologues. Mais la plus grande partie des 103 fables qu'on lui attribue sont des fables ésopiques, et dans ce nombre 70 au moins se retrouvent dans l'Ysopus

---

(1) Je ne saurais résister à la tentation de rapprocher de la fable de Marie un passage de la farce de *Maître Pathelin* (*), se rapportant au même sujet, afin qu'on puisse juger du mérite particulier des différents imitateurs de Phèdre. Guillemette dit à Pathelin qui a su se faire *préter !* six aunes de drap par son drapier, à force d'éloges et de flatteries :

Il m'est soubvenu de la fable
Du Corbeau qui estoit assis
Sur une croix de cinq à six
Toyses de hault, lequel tenoit
Ung fromaige au bec : la venoit
Ung Renard qui veit ce fromaige :
Pensa a luy (il réfléchit en lui-même) : » Comment l'auray-je ? »
Lors se mist debsouz le Corbeau.
« Ha ! fist-il, tant as le corps beau,
« Et ton chant plein de melodie ! »
Le Corbeau, par sa couardie (couardise, vanité niaise),
Oyant son chant ainsy vanter,
Si ouvrit le bec por chanter ;
Et son fromaige chet (tombe) à terre ;
Et maistre Renard vous le serre
A bonnes dents, et si l'emporte, etc., etc.

(*) On place communément la première rédaction de cette œuvre excellente au quatorzième siècle. Mais la rédaction que je donne est un peu rajeunie, et doit être du quinzième siècle.

(Anonymus Neveleti). Il suffira, pour s'en convaincre, d'examiner quelques titres : *Dou cerf ki vit ses cornes en l'iaue, tandis qu'il beveit ; — D'un coc ki trouve une gemme sor un fomeroi* (tas de fumier) ; *— D'un lion ki malades fu ; — Du leu qui cuida de la lune ce fust un fourmaige*, c'est-à-dire Du loup qui s'imagina que la lune était un fromage ; *— D'une lisse* (chienne) *qui vulait chaaler* (faire ses chiens) ; (c'est la lice et sa compagne de La Fontaine.)

Je ne m'étendrai pas sur le mérite de ces fables, traduites par Marie, comme elle le dit dans le Prologue, pour l'amour du comte Guillaume. L'échantillon que je viens d'en transcrire peut donner une idée de l'ouvrage ; mais il ne saurait suffire à faire connaître l'étonnante variété des tournures, l'originalité de certaines fables personnelles, la grâce, l'exquise simplicité qui règnent dans ces productions à la fois naïves et savantes. Les fables de Marie sont composées avec cet esprit sagace qui pénètre les secrets du cœur humain ; elles se font remarquer presque toujours par une raison supérieure, par une justesse fine et délicate dans la morale et les réflexions. Car la simplicité naïve du récit n'exclut pas ici la finesse de la pensée ; elle n'exclut que l'afféterie. On y retrouve ce naturel, ces franches allures de style particulières aux romans et aux fableaux du moyen-âge, et qui font qu'on se demande si La Fontaine n'a pas eu entre les mains l'Ysopet (1). Certaines tournures de phrases, certaines expressions pittoresques de notre auteur, se retrouvent en effet presque intactes chez le grand fabuliste du dix-septième siècle.

La lecture des fables de Marie emprunte aussi un vif intérêt au caractère personnel des réflexions qu'elle place au commencement ou à la fin de chacune d'elles ou qu'elle laisse

(1) On sait que La Fontaine a surtout imité les conteurs français et italiens des quinzième et seizième siècles, et quelques auteurs de fableaux. Il faut y joindre Rabelais.

échapper dans le cours du récit, nous montrant ainsi à découvert les sentiments secrets de son âme. Tantôt elle laisse entendre qu'elle n'est pas tout-à-fait heureuse dans sa patrie d'adoption. Ainsi dans sa charmante fable du *Milan et du Rossignol*, elle dit comme conclusion : « Bien des gens ne savent déployer leurs talents devant ceux qui leur inspirent de l'effroi. » Tantôt elle semble regretter cette belle terre de France, que ne peuvent jamais oublier ceux qui l'ont vue une fois, ceux surtout qui ont eu le bonheur d'y voir le jour : « A cela doivent songer, dit-elle dans *le Lièvre et les Grenouilles*, ceux qui veulent se mettre en voyage et abandonner leur contrée natale. Jamais ils ne trouveront aucun pays où ils puissent être sans peur, sans travail et sans douleur. »

En somme, on peut dire que, si les Lais de Marie de Compiègne récemment découverts ont montré le talent du poète sous un nouvel aspect, sa réputation était due surtout aux fables qu'elle avait composées. En effet, tandis qu'il ne nous reste qu'un manuscrit complet des lais, il en existe un assez grand nombre des fables, tant à Paris qu'à Londres, ou même ailleurs : ce qui prouve la grande faveur dont elles ont joui jusqu'au dix-septième siècle. D'ailleurs il semble que seules les fables aient été connues du public du quinzième au dix-neuvième siècle. Car ni le président Fauchet, dans son *Recueil de l'origine de la Langue et Poésie françoise, ryme et romans* (1); ni le chancelier Pasquier, dans ses *Recherches sur la France*; ni la *Bibliothèque française* de La Croix du Maine et Du Verdier, ni le *Dictionnaire historique*, ne font la moindre mention des lais. Quelques critiques citent cependant un autre ouvrage de Marie, imprimé par Roquefort dans son édition, et qui ne manque pas d'originalité. C'est le *Purgatoire de saint Patrice*, qui semble avoir été traduit du

---

(1) A Paris, chez Robert Estienne, 1581, 1 vol.

latin en vers français. Nous en avons en effet trois rédactions latines en prose, par les moines de Citeaux, Henry, de Saltrey et Josselin. Il s'agit des aventures étranges d'un chevalier irlandais nommé Owen, qui descendit volontairement dans une caverne pour y expier ses péchés, et fut témoin de merveilleux spectacles.

On a aussi attribué à Marie le roman du *Couronnement du Renard*, qui est dédié au même comte Guillaume à qui sont adressées les Fables. Mais M. Mall (1) a montré surabondamment que l'hypothèse de M. Méon était inadmissible.

Reste le curieux fableau l'*Évangile aux femmes*, attribué ordinairement à *Jehan Dupin* ou *Durpain*, qui est en effet l'auteur d'une des rédactions connues. L'idée première, et sans doute la rédaction première de ce poème, appartiennent à Marie de Compiègne. J'essaierai de le prouver dans la conclusion de ce travail, après avoir fait connaître l'œuvre elle-même d'après les quatre manuscrits découverts jusqu'à ce jour.

(1) De ætate rebusque Mariæ Francicæ, etc.

IV.

L'ÉVANGILE AUX FEMMES

Le curieux *fableau* connu sous le nom de l'Évangile aux femmes se trouve dans trois manuscrits de la Bibliothèque nationale, qui portent les nᵒˢ 1553, 837 et 1593 du fonds français, et dans le ms. n° 298 de la Bibl. de Dijon. Mais comme toutes les œuvres du même genre qui ont joui d'une grande popularité, il a subi des remaniements successifs, qui n'ont guère laissé subsister qu'un fond commun de peu d'étendue ; de sorte que les différents manuscrits qui nous sont parvenus, sauf peut-être le plus ancien, portent tous l'empreinte particulière d'un poète nouveau qui, prenant un texte presque classique, n'en a gardé que le plan général et un certain nombre d'idées essentielles, ajoutant à son tour quelques couplets ou remplaçant ceux qui lui paraissaient moins heureux. On peut croire aussi qu'un pareil poème a dû se chanter parmi le peuple comme une ballade, et que chaque scribe a noté les couplets que sa mémoire lui fournissait, en y introduisant parfois de légères variantes de style et surtout d'orthographe. Parfois aussi des couplets nouveaux ont été insérés, avec l'intention arrêtée, comme nous le verrons tout à l'heure, de détourner la paternité de l'œuvre au profit du trouvère qui jugeait bon de se l'approprier Six couplets seulement sont communs aux quatre manuscrits que nous avons pu consulter, comme on peut le voir par le tableau de concordance que j'ai joint à ce travail (1) en désignant pour plus de commodité dans la discussion le ms. n° 1553 B.N. par la lettre A, le ms 837 B.N. par B, le ms

(1) V. page 27.

1593 B.N. par C, et le ms 298 Bib. Dijon par D. Les autres couplets sont, ou communs à deux ou trois manuscrits, ou bien spéciaux à un seul. Trois des mss, sur quatre, ont des couplets qui lui appartiennent en propre. Le ms B, qui offre, après D, le texte le plus court (18 et 14 couplets), a un couplet qui ne se rencontre ni dans A, ni dans C, ni dans D, et qui n'est certes pas sans importance pour la discussion que nous entreprendrons plus loin sur l'origine et la paternité de notre fableau.

M. Jubinal a le premier publié l'Évangile aux femmes, dans son recueil intitulé : *Jongleurs et Trouvères*, qui date de 1835. Il signale l'existence de trois des manuscrits que nous avons pu consulter ; mais il est loin d'en avoir tiré tout le parti possible. Prenant son bien où il le trouvait, il a refait un poème qui n'est ni celui du manuscrit A, ni celui du manuscrit B, ni celui des manuscrits C et D, mais où l'on trouve un peu de chacun des trois premiers ; le tout arrangé dans l'ordre qu'il a cru le meilleur, et qui nous semble tout-à-fait arbitraire. Il reproduit l'orthographe particulière de chaque manuscrit dans les couplets qui leur sont spéciaux. Quant à ceux qui sont communs à deux ou à trois manuscrits, il les écrit avec l'orthographe qui lui semble la meilleure, et souvent encore, il la rajeunit. A dire vrai, il prend un couplet dans un manuscrit, un couplet dans l'autre, un peu au hasard, sans se préoccuper des variantes ; ou s'il choisit quelquefois, il prend toujours le texte le plus clair, et par conséquent le plus moderne, croyant sans doute que tout ce qui n'a pas été facilement lu ou compris par lui doit être corrompu et incorrect. En un mot, M. Jubinal a donné sur l'*Évangile aux femmes* une édition de fantaisie à l'usage des gens du monde, d'où la critique est absente, et qui laisse parfaitement de côté tout ce qui pourrait fournir matière à interprétation. Il donne en note la signification d'une douzaine de mots plus ou moins difficiles ; mais il ne parle nullement d'une foule d'autres tout aussi difficiles. De plus, il ne donne que 39 strophes sur 49 que fournissent ensemble les quatre manuscrits. Cela tient sans doute à ce qu'il a pris pour base de son travail le manuscrit C, qui est beaucoup plus moderne que les autres, et plus commode à lire et à interpréter. Il l'a complété à l'aide du ms B. Quant au ms A, qui est de beaucoup le plus intéressant, et aussi le plus complet, il semble n'avoir fait qu'y jeter les yeux, puisque, sur 13 couplets que ce ms a en propre, il n'en a remarqué que 2, ceux qui portent dans la présente édition les n°s 26 et 28 : encore les donne-t-il en dehors du texte, et comme n'ayant pas grande importance (1). Il reste donc 11 couplets spéciaux au ms A, encore aujourd'hui complètement inédits ; c'est ce qui nous a inspiré l'idée de reprendre le travail incomplet de M. Jubinal, et de donner de l'*Évangile aux femmes* une édition *princeps* entièrement conforme aux manuscrits.

Nous avons eu la bonne fortune d'apprendre, dans le cours de nos recherches, l'existence d'un quatrième manuscrit que n'a point connu M. Jubinal. Il se trouve à la Bibliothèque municipale de Dijon, coté sous le n° 298 ; et nous devons à l'obligeance bien connue de M. Guignard une copie très-soignée de ce ms, qui nous semble n'avoir jamais été consulté. *Nous pouvons donc présenter ici tous les éléments d'une future reconstitution du texte, en donnant successivement et scrupuleusement toutes les rédactions,* nous contentant cependant

---

(1) Voici la note que place M. Jubinal à la fin de son texte.
N. B. — J'ai souvent été obligé, pour l'intelligence de telle ou telle strophe de cette pièce, d'user à la fois de trois versions, ce qui explique les variantes d'orthographe et de langage qu'on y remarque. J'aurais voulu aussi relever toutes les variantes, mais il eût fallu alors donner une édition de chaque pièce. Je me bornerai à réparer quelques omissions faites sur une première copie.
On trouve dans le n° 7593 *(aujourd'hui 1553)* .... etc. *(Suivent les 2 couplets n°s 26 et 28.)*

d'indiquer en notes les variantes, pour les couplets communs
à deux ou plusieurs manuscrits. Pour le ms C, qui est relativement moderne, nous avons négligé parfois les variantes purement orthographique ; mais nous avons cru devoir donner
intégralement les variantes des mss A, B et D, qui, étant
plus anciens, peuvent fournir des leçons plus voisines de la
véritable. Nous avons donné pour tous les couplets différents
du poème une traduction au dessous de chaque couplet. Quand
le texte n'offrait dans les divers manuscrits que des différences
d'orthographe, ou des variantes peu importantes, nous nous
sommes abstenus de traduire ces variantes et nous avons rejeté
en note l'interprétation des mots ou des expressions nouvelles,
qu'offrait, dans le nouveau manuscrit, le couplet déjà traduit.
Un certain nombre de notes philologiques ou grammaticales ac-
compagnent le texte et l'éclaircissent par un commentaire per-
pétuel.

Ceci dit pour justifier cette partie de notre travail, disons un
mot de notre fableau. L'*Évangile aux femmes* (1) est composé
d'une suite de quatrains monorimes en vers de 12 syllabes.
Il offre le plus souvent cette particularité remarquable que les
trois premiers vers du quatrain font l'éloge de la femme,
tandis que le dernier (ou les deux derniers) détruit cet éloge
en indiquant une impossibilité évidente comme second terme
d'une comparaison déjà exprimée au commencement du couplet :

(1) Le ms 4333 de la Bibliothèque Harléienne renferme un* *Evangile de
fames* inédit, qui commence ainsi :

Anmors* art anmors et s'i esprent trop fort :
Anmors sans desirier a meint prodome mort.

On voit qu'il est conçu dans un esprit satirique, comme le nôtre, mais sur
un plan différent. Je n'ai voulu du reste que prémunir le lecteur contre
l'erreur qui pourrait résulter de la ressemblance du titre et faire croire qu'il
y eût à Londres un ms de notre fableau.

* ANMORS signifie amour. Cette orthographe indique que le ms a été écrit dans
l'Est ; l'N indique simplement l'allongement démesuré de la syllabe particulier à
la Lorraine et à la Haute-Bourgogne.

procédé qui rappelle ces vers de l'aimable poète des *Bucoliques* :

> Ante leves ergò pascentur in œthere cervi,
> Et freta destituent nudos in littore pisces, etc.

C'est une satire contre les femmes, satire violente et injuste le plus souvent, mais quelquefois aussi à peu près sincère, et toujours piquante. Le moyen-âge qui avait entouré la femme d'un si grand prestige, en lui donnant une place d'honneur dans les institutions féodales, ne fermait pas cependant les yeux sur ses défauts, et passant d'un extrême à l'autre, dépassait alors le but. A côté des saluts d'amour et des éloges intéressés des poètes errants, on rencontre la raillerie amère et le coup d'aiguillon méchant du moine ou du clerc, qui se venge sur les femmes de la contrainte et des ennuis du cloître.

Je me range volontiers sur ce point à l'explication donnée par M. Gaston Paris dans le discours d'ouverture de son cours de 1875 au Collége de France. Après avoir montré comment s'est formée cette littérature de fableaux, source première de la comédie et du roman moderne, que l'Orient nous a transmise par ses contes, il se demande d'où vient cet acharnement contre le sexe faible que montrent les poètes et les moralistes du moyen-âge ; il cherche à expliquer le contraste entre l'idée que nous donnent de la femme les poètes de l'épopée et du roman chevaleresque, et celle que nous en aurions, si nous nous en rapportions aux auteurs de fableaux. Les contes innombrables et presque toujours plaisants que nous possédons proviennent de l'Inde, et ils ont leur raison d'être dans le milieu qui les a produits. Le renoncement au monde commandé par la religion boudhique devait inspirer aux brahmanes des critiques amères contre la femme, qui pouvait les détourner de leur voie. De même, au moyen-âge, les clercs, qui se trouvaient à peu près dans les mêmes conditions, appliquèrent à la femme, dans leurs imitations des contes indiens, les mêmes idées que les brahmanes de l'Inde, mais avec moins de raison ; car les femmes de l'Europe féodale étaient loin d'avoir les mêmes vices que celles de l'Orient. Le célibat où vivaient les clercs les rendait peu aptes à juger la femme avec expérience et avec respect. D'ailleurs, comme le dit fort bien M. Gaston Paris, nos pères acceptaient ces choses pour leur valeur, sans y attacher plus d'importance qu'elles ne méritaient, et « il ne faut pas apprécier la manière dont ils jugeaient la femme et le mariage d'après quelques vieilles histoires venues de l'Orient qu'ils se sont amusés à mettre en jolis vers. »

L'habitude de médire des femmes était du reste si générale au moyen-âge, que l'auteur du *dit des Dames* (1), Jehan, qui a écrit à la louange des femmes une pièce en quatrains monorimes, ayant sans doute conscience de la nouveauté de la thèse qu'il soutient, s'écrie :

> Puisqu'amours vient de fame, miex vaut fame qu'amours.
> Je le dis pour ces rimes que font ces jugleours,
> Qui mesdient des dames et se font vauteours.

En dehors de l'intérêt qu'offre l'œuvre par elle-même, un grave motif nous poussait à éditer notre fableau, ou du moins à étudier sérieusement les quatre manuscrits que nous en avons. Nous étions convaincus, en effet, que la comparaison des différentes rédactions pouvait seule nous permettre, je ne dirai pas de résoudre complètement (car la chose est peut-être impossible), mais de jeter quelque jour sur le problème de l'origine de ce fableau, problème qui se rattache, comme on le verra plus loin, à celui que j'ai posé au commencement de ce travail, c'est-à-dire à la question de savoir si Marie de Compiègne et Marie de France ne sont qu'une seule et même personne.

(1) Cité par Mussafia, dans son catalogue des mss de l'avie, récemment publié.

TABLE DE CORCORDANCE DES COUPLETS DANS LES QUATRE MANUSCRITS PAR RAPPORT AU MANUSCRIT A.

(A. = B. N. n° 1553 f^{ds} français. — B. = B. N. n° 837. — C. = B. N. n° 1593. D. = Bib. Dijon n° 298).

A	B	C	D	A	B	C	D
—	—	1.	1.	17.	14.	—	8.
—	—	2.	2.	18.	—	—	—
1.	1.	3.	3.	19.	—	—	—
2.	2.	4.	—	20.	—	—	—
3.	3.	5.	4.	21.	—	—	—
—	—	6.	—	22.	—	—	—
—	—	7.	—	23.	—	—	—
—	—	9.	—	24.	—	—	—
—	—	11.	—	25.	—	—	—
4.	4.	12.	—	26.	—	—	—
5.	5.	14.	—	27.	—	—	—
6.	6.	15.	5.	28.	—	—	—
7.	7.	16.	6.	29.	—	18.	9.
8.	8.	8.	—	30.	—	10.	—
9.	9.	—	—	31.	—	—	10.
—	—	17	13.	32.	—	21.	11.
—	—	19.	—	33.	—	—	—
—	—	20	14.	—	15.	—	—
10.	10.	22.	12.	—	16.	30.	—
11.	—	23.	—	—	17.	31.	—
12	11.	24.	7.	—	18.	32.	—
13.	—	26.	—	—	—	27	—
14	13.	—	—	—	—	28.	—
15.	12.	25.	—	—	—	29.	—
16.	—	13.	—	—	—	—	—

NOTICE DU MANUSCRIT A.

Ce manuscrit, qui est incontestablement le plus ancien des quatre, date du treizième siècle. La plupart des pièces qu'il renferme sont de la même écriture, et plusieurs sont d'une date que la critique a déjà fixée. Ainsi, M. G. Paris, qui a récemment édité la *Vie de saint Alexis*, avec quatre versions de différentes époques, place au treizième siècle celle qui se trouve dans le ms 1553 B.N., qui est notre ms A. Un autre poème de ce ms, intitulé *Mahomet*, par *Alexandre de Pont*, porte cette mention à la table, *fait à Laon en 1258*. D'ailleurs M. P. Meyer, qui a écrit une notice de ce ms, constate que toutes les pièces qu'il contient sont du treizième siècle, et que le ms lui-même a été écrit en 1295 ou 1296, dans sa partie la plus récente. Il est donc permis de croire que la copie de l'*Évangile aux femmes* qui se trouve dans ce ms, a été faite sur le ms original, ou du moins qu'il date à peu près de la même époque. Nous tirerons plus loin de cette date du ms A des conclusions à l'appui de notre thèse, quand nous montrerons que *Marie de Compiègne* peut être considérée comme le véritable auteur et le premier rédacteur du fableau l'*Évangile aux femmes*.

Le ms A renferme 33 couplets, et il offre cette particularité remarquable que, quoiqu'ayant plus de couplets qu'aucun des trois autres ms, il ne donne aucun de ceux qui peuvent faire connaître ou supposer l'auteur du poème. Ces couplets sont au nombre de deux dans le ms B, et de deux également, mais différents, dans les mss C D. Le nombre des couplets qui lui sont particuliers est de 11. L'orthographe du ms A est évidemment picarde ; un très-petit nombre de formes, particulières à l'Ile-de-France, semblent déceler ou le voisinage de cette province, ou plutôt la main d'un scribe qui en parlait la langue. Mais c'est toujours une exception, et cela ne s'applique guère qu'à des mots qui pouvaient avoir deux orthographes différentes, sans changer de prononciation. Les autres mss sont l'œuvre de scribes de l'Ile-de-France et n'ont, pour ainsi dire, aucune forme qui soit exclusivement picarde.

L'EUVANGILLE AUS FEMES

(d'après le Manuscrit A.)

I. Quiconques velt mener pure et saintisme vie
Femes aimt et les croie et du tout s'i afie :
Car par eles sera s'ame saintefie ;
Ausi certains en soit com cho qui est n'est mie,

II. Lor consaus est tant dous, et tant vrais et tant piex ;
Ki l'ot, se bien i pense, plus li est douz que miex :
Meres sont par pitié, gens traient de paroles,
Aussi com jou di voir lor aït Dame Diex.

(1) Les mots en romain, dans la traduction, sont mis pour compléter le sens ; ceux qui sont entre parenthèse, pour l'expliquer.

N. B. — Les couplets marqués d'un astérisque (*) sont ceux qui ne se trouvent que dans un manuscrit.

L'astérisque placé devant un mot indique une forme intermédiaire supposée pour expliquer la formation d'un mot.

Placé après un mot, il renvoie à une note se rapportant à une note.

I a. — Le ms C porte : *Quiconque veult mener et pure et sainte vie.* Le copiste du quinzième siècle a reculé devant l'emploi de *saintisme*, et a corrigé le vers pour rétablir la mesure. — Le ms D : *Qui voulra* bien mener [et]** pure et nete vie.*

N. B. — Je citerai des mss B, C, D toutes les variantes de texte, négligeant le plus souvent les variantes d'orthographe du ms C, qui est plus moderne, et qui rajeunit perpétuellement la langue.

I a. — *Velt.* B *veut*, C *veult*,

I b. — *Femes.* A écrit toujours ainsi ce mot, sauf 2 fois où il écrit *femme* ; peut-être le signe d'abréviation qui remplace *m* a-t-il été mis par inadvertance. B a régulièrement *fame*. C toujours *femme*, suivant l'orthographe moderne.

Femes aimt et les croie. B donne : *Si aime fame et croie.*

I c d. — B : *Et aussi soit seürs com ce qui est n'est mie*
Que par eles sera s'ame saintefiee
D. *Et soit aussi certains com ce qui est n'est mie.*
Par elle sera s'ame devant Dieu beneïe.

I c. — *Saintefie.* Cette leçon est préférable pour la rime, mais elle supposerait la leçon *sa ame*, ce qui est contre la leçon des autres manuscrits. Le ms A a d'ailleurs d'autres exemples d'hiatus.

* VOULRA, forme régulière du futur DE VOULOIR, avant l'insertion du D euphonique (Cf. je TENRAI).

** Je supplée [ET] qui manque, ce qui fait le vers faux.

TRADUCTION

Que celui qui veut mener une vie pure et très-sainte
Aime les femmes et les croie, et se fie à elles absolument :
Car grâce à elles son âme sera sauvée (deviendra sainte).
Il peut en être aussi certain qu'il est vrai que ce qui est n'est
[pas.

Leur conseil est si doux, et si sincère, et si pieux !
Pour qui l'a (litt. l'eut), s'il y réfléchit bien, il est plus doux
[que le miel;
Elles sont mères pour la pitié (elles sont aussi compatissantes
[qu'une mère) ; elles tirent les gens de péril.
Que notre Seigneur Dieu leur vienne en aide, comme il est vrai
[que je dis la vérité.

I. 1. — *Quiconques*. L's finale indique ici, comme partout dans ce ms, et dans les mss B et D, le sujet singulier ou l'accusatif pluriel. La règle de l's est quelquefois violée dans le ms C. — *Saintisme*. Superlatif synthétique, tiré directement du latin *sanctissima*. Déjà au commencement de l'empire, le superlatif se contractait en latin en *ismus*, comme on peut le voir par les *graffiti* de Pompéi.

I. 2. — *Aimt*, au subjonctif, 3e pers, du sing. Le *t* de la 3e pers. du sing. en latin a persisté d'abord en français à toutes les conjugaisons. C'est à tort qu'on a cru longtemps que le *t* était euphonique dans les expressions interrogatives, comme *aime-t-il*, que l'on écrivit longtemps *aimet-il*, et plus tard, au XIVe siècle, *aime-il*, par oubli de l'étymologie. C'est une forme ancienne très-régulière. La forme *il aime, qu'il aime*, sans *t*, est un barbarisme étymologique. On devrait dire *il aimet, qu'il aimet* ou *qu'il aimt*, comme on dit *il finit, il reçoit. S'i afie. I*, et plus tard *y* (Cf. ms C.) ne se dit plus guère que des choses.

I. 3. — *S'ame* pour *sa ame*. Ce n'est qu'au XIVe siècle que s'est introduit ce solécisme, qui consiste à mettre le possessif masculin devant un nom féminin commençant par une voyelle : *son âme*. Auparavant on disait *m'ame, t'ame, s'épée*. C'est ainsi que s'est formé le mot *tante* = *t'ante* pour *ta ante* de *amita*, et *ma mie* = m'amie.

I. 4. — *Cho*, forme picarde du français *ço*. Nous verrons d'autres exemple du *c* doux français changé en *ch* en picard. Villehardouin a *chou* = *ce* ; et Philippe de Beaumanoir, *chu. Chou* s'emploie quelquefois au masculin, au sens de *celui*.

Mie, du lat. *mica*, petite parcelle, miette ; très-usité dans le vieux français dans le même sens et avec la même construction qu'aujourd'hui *pas* et *point*. Cf. *goutte*, dans *n'y voir goutte*. Le vieux langage avait une grande variété de substantifs ainsi construits, et servant à accentuer la négation.

II c. — B : *gens getent de periex*. C : *gens giettent de pieux*, par confusion du copiste avec le premier vers. La vraie leçon est *periex*, que donne

III. Onques nul bien n'ama qui les femes n'ot chier ;
Lor vertuz et lor graces font a esmerveillier :
Car on les puet aussi reprendre et castoier,
Com on porroit la mer d'un tamis espusier,

B, et qui satisfait à la fois au sens et à la rime. Je m'en sers dans la traduction.
II d. — *Jou*. B : *je*.

II. 1. — *Lor consaus*. *Consaus* sujet singulier et régime pluriel ; *conseil*, rég. sing. et suj. plur., du lat, *consilium*. La diphtongue *au* équivaut devant une consonne à la syllabe *al*. *Al* s'est transformé ici en *au* sous l'influence de l's. De là l'irrégularité dans la formation du pluriel des noms en *al* et en *ail* : *Cheval, chevaux, travail, travaux*. Le vieux français disait : Suj. sing. : *chevaus* ou *chevax*, puis *chevaux* ; rég. sing., *cheval* ; suj. plur., *cheval* ; rég. plur , *chevaus* (*chevax*, *chevaux*). Quand la déclinaison disparut, on adopta généralement le cas régime comme forme unique. On eut alors au sing., *cheval*, et au pluriel, *chevaux*. Ici *conseil* est la forme du cas régime : mais il n'a pas conservé, comme *cheval*, au pluriel, la forme *consaus*. *Lor*, toujours invariable ; c'est le pronom au génitif *illorum*. La langue moderne en a fait un adjectif possessif s'accordant avec le substantif.

Piex = pieux, de *pius*. La forme *piex* explique la forme irrégulière *pieux*, en français moderne ; il faut noter d'ailleurs un changement dans la prononciation, qui a fait plus tard ce mot de deux syllabes (Cf. *Diex*, suj.; *dieu*, régime, monosyllabe, du latin *Deus*). *Pius* a donné en v. fr. *pius* ou *piex*, au suj., *piu* ou *pif*, au rég., toujours monosyllabe.

II. 2. — *Miex* = miel. L'*x* au XIIIe siècle, remplace le *z* étymologique, ou même le *z* remplaçant *ls*. *Miex* est ici pour *miez* = miels, *z* ayant remplacé *ls*, comme on le voit dans les formes *elz* = *illos*, *nulz* = *nullos* ou *nullus*, de la *Passion de Jésus-Christ* (Cf. *Periex*, ms. B, II. 3.), de *periculum*. On sait d'ailleurs que les noms neutres avaient été de bonne heure assimilés aux noms masculins, et suivaient comme eux la règle de l's. Il n'y a dans les vieux textes qu'un très-petit nombre d'exemples de la persistance du neutre en français.

III. a. — *Nul bien n'ama*. B : *cilz bien n'ama*. C : *cil bien n'ama*.

III. b. — *Font a esmerveillier*. Cf., ms D, IV, le couplet correspondant à celui-ci, et qui porte expressément : *Leur vertu et leur grâce si* FONT *mult a prisier*. Il n'y a pas moyen d'hésiter à lire *font*, et non pas *sont*, pas plus dans D que dans A B. M. Littré reconnaît que *à*, devant les verbes à l'infinitif signifie *de manière à* (sens passif.) *Il fait à louer* ne signifie pas, d'après lui, *il est loué*, mais *il est à louer*, *il agit de façon à mériter des éloges*. Je trouve dans Beaumanoir, 58 : *Et li escommuniement* FONT *a douter, comment qu'ils soient geté, soit à tort, soit à droit*. Le sens est clair ; on doit traduire *sont à redouter, sont redoutables*. Et *Chanson des Saxons*, par Jean Bodel (XIIe siècle) : *Si l'offrande fu riche, ne fait a demander*. Je ne puis que me ranger à l'avis de M. Littré, que confirment les deux leçons de notre fableau. Il est probable que *faire assavoir*, quoique on le trouve ainsi écrit au XIIIe siècle, a dû s'écrire d'abord *faire à savoir*, et que même au XIIIe siècle, les deux formes ont dû être usitées parallèlement.

Jamais celui qui n'a pas chéri les femmes n'a bien aimé per-
[*sonne ;*
Leurs vertus et leurs grâces excitent l'admiration.
Car on peut les reprendre et les conseiller
Comme on pourrait épuiser la mer à l'aide d'un tamis.

D'autre part, M. Gachet, (Glossaire roman des Chroniques de Godefroy de Bouillon), cite un certain nombre de mots comme *abaptisier*, *atroter*, où, dit-il, on a vu à tort le préfixe *a* (comme le veut M. Littré pour *assavoir*); dans tous ces exemples, le sens se rapproche de celui de *à* dans *faire à savoir*. Le plus souvent *à* vient après une autre préposition, dont il est séparé par un pronom personnel (*Pour vous a baptisier*). Gachet rapproche le flamand *te* après *am* (*am u te doopen*), et l'allemand *zu* après *um* (*um... zu haben* = pour avoir). Je crois donc devoir maintenir la leçon *font*, et je traduis en conséquence. Ailleurs les mss. portent *sont*, mais dans des cas un peu différents.

III. c. — *Castoier*. B : *chastoier*. C D : *chastier*.

III. d. — C : *Que l'en porroit la mer d'un pennier espuisier.*
  D : *Com on porroit la mer a un crible espuisier.*

En et *an* sont des formes régulières de *on*, pris comme pronom indéfini, et ne s'emploient jamais pour *hom*, nominatif sing. du substantif.

III. 1. — *N'ot chier* = n'eut cher (ne chérit). *Cher* est pris adverbialement. Nous ne l'employons plus aujourd'hui avec le verbe *avoir*, mais seulement avec *vendre*, *acheter*, et quelques autres, et dans un sens restreint.

III. 2. — *Lor*, dans A B C, *leur*, dans D, sont des formes régulières du lat. *illorum*, qui sont invariables, parce qu'elles n'ont pas encore subi la transformation en adjectifs possessifs.

III. 3. — *Puet*. Ce ms, et en général tous ceux de la même époque, écrivent toujours ainsi la diphtongue *eu*. Il est très-probable que la prononciation de *ue* ne différait pas de celle de *eu*. En effet, au XIVe siècle, on trouve également *cuer* et *cueur*, et aussi *coer* (dans Baudouin de Sebourg). *Coer* est une transition pour arriver à la forme *cœur*, qui se montre déjà au XVe siècle, sans cependant exclure complètement *cueur*, que l'on rencontre encore dans Amyot.

III. 3. — *Castoier*, forme picarde du verbe *chastoier*, *chastier* (auj. *châtier*), de *castigare* (Cf. mss. B C D). Les formes *chastoier* et *chastier* sont parallèles. Cf. *charroyer* et *charrier*. Ce mot a eu accessoirement le sens de *réprimander*, et même de *conseiller*, comme ici. On connaît l'intéressant fableau intitulé : *Le castoiement d'un père à son fils*. Au rebours de *castoier*, où le *c* dur se conserve en picard, tandis qu'il est changé en *ch* dans le français, nous avons vu (I. d.) *cho* pour *ço*, et nous allons voir (IV. d.) *cha* pour *ça*. Le picard, sauf deux ou trois mots qui font exception, met partout *c* dur à la place de *ch* français, et réciproquement, il remplace le *c* palatal (*c* doux devant *e* et *i*, ou *ç* devant *a*, *o*, *u*) par *ch*, comme dans les exemples déjà cités, et dans d'autres que nous rencontrerons plus loin.

III. 4. — *Espusier* = épuiser, de *exputeare*, bas-latin, formé de *ex* et *puteus*, = tirer de l'eau du puits jusqu'à épuisement. Cf. *énerver*, *éreinter*, etc., où la préposition *e* (*ex*) a ce sens-là.

IV. Quiconques trueve en feme discretion ne bien,
Sache bien sanz dotance ce n'est mie do sien :
Mes s'ele se fet sage, humble et de douz maintien,
Soutinement velt dire : « Biax amis, cha revien. »

V. Voies kome puet estre aaise, seine et lie,
Quant feme l'a en cure, et ele le castie.
Come brebis samble humble, c'est com lions hardie ;
Bien doit estre apelee : « J'ai a non Fausifie. »

VI. Homs que feme a en cure, comment aurait mesaise ?
C'est une medechine qui de tos max apaise ;
L'en i puet aussi estre asseür et aaise,
Come plain poing d'estoupes en une ardent fournaise.

IV. — Le ms C donne ce couplet avec quelques changements, et une interversion des deux parties du quatrain. Le voici :
Femme si se fait humble, sage, de beau PARLER (sic)
Pour couvertement dire : « Doulz amis, tost revien. »
Mais quiconque y treuve discretion ne bien,
Sache certainement ce n'est mie du sien.

' IV. b. — B : *Dont sache sanz doutance.*

IV. c. — *Mes s'ele.* B : *mes ele.*

IV. d. — B : *Por couvertement dire : « Doux amis, ça revien. »*

IV, 1. — *Ne = ni.* Ce n'est qu'au XVIe siècle que la forme *ni* apparaît concurremment avec la forme *ne*. Cf. au vers suivant *s'ele = se ele*, et XXI. a, *Se honte ne un blasme.*

IV. 4. — *Soutinement = subtilement.* Le changement de *l* latin en *n* n'est pas sans exemple (*niveau = libella*); et réciproquement : *orphelin = orphanus.*
Biax, nom. sing. *bel*, rég. — *Biaus, biaux, biax* étaient des formes parallèles (Cf. aujourd'hui *beau* et *bel*, et la note II. 1.).

V. a. — Il faut lire, pour avoir un sens :
Voies kome [HOMS] *puet estre aaise,* SEIN *et lie,*
Quant feme l'a en cure, et ele le castie...
J'ai traduit en conséquence.

N. B. — Les formes *kome, ki, ke*, pour *come, qui, que*, sont des exceptions dans ce ms. Je les ai conservées cependant, pour être exact. De même pour les erreurs du copiste, me contentant de les rectifier en note, comme ci-dessus.

B donne aux deux premiers vers :
Oies come est aaise et come a bone vie
Hom qui se fie en fame, quant ele le chastie.
C : *Se puet ame amer et estre seure et lie,*
Quant femme l'a en cure et elle le chastie.

Ame est sans doute pris au sens de *quelqu'un, on* (*une âme quelconque*).
Se pour *si*, adverbe. Cf. note IV, 1, ci-dessus.

Que celui qui trouve dans une femme ou discrétion ou bien
Sache bien sans (aucun) doute que ce n'est pas du tout du sien
[(dans sa nature)] :
Mais si elle se montre sage, humble et de doux maintien,
Elle veut dire discrètement (ou d'une manière habile?) : « Bel
[ami, reviens à moi. (litt.: viens ça, ici.) »

Voyez comme un homme peut être à son aise, en sûreté et joyeux,
Quand une femme prend souci de lui, et qu'elle le conseille !
Elle semble humble comme une brebis ; mais elle est hardie comme
[un lion.
On devrait bien l'appeler Fausifie (fou s'y fie).

Comment un homme dont une femme prend souci pourrait-il
[souffrir quelque malaise ?
C'est une médecine qui soulage tous les maux.
Avec elle, on a autant de sûreté et d'aise
Qu'une poignée d'étoupes dans une fournaise ardente.

V. c. — B : *Humble comme coulon* (= colombe. Cf. Chanson d'Antioche II, 816. Ensement com li faus vole apres le *coulon*). C : *Humble comme brebis* ; B et C : *come lyon hardie*, à la fin du vers.

V. d. — B : *J'ai a non faus s'y fie*, et C : *J'ai a nom fol s'y fie*. Ces deux leçons, en décomposant le mot, en donnent la signification. *Faus* est une forme assez rare, même au XIII° siècle. Cependant on rencontre dans le roman de *Blonde et Jehan*, par Philippe de Rheims, ces vers qu'on peut rapprocher de notre texte :

> Com maintes femmes par le mont (le monde)
> Qui coraiges remuans ont... .
> Tels femmes ont non Faus s'y fie.

Au moyen-âge, ces noms allégoriques étaient fort à la mode, surtout dans les mystères.

V. 3. — *Humle*. Forme intermédiaire entre le latin *humilis*, et le français *humble*, avant l'insertion du *b* euphonique (Cf. A. XV. b. et VIII c.)

VI. a. — C : *Hom que fame a en cuer*. Jubinal corrige à tort, peut-être par erreur de lecture : *Hom qui fame a en cuer* (qui aime une femme). — Cette leçon est évidemment plus moderne que celle de A. La leçon de B n'est pas la même que celle de A. Elle a *qui* et non *que*. Il faudrait alors traduire : *L'homme qui a souci d'une femme*, ou peut-être : *L'homme qui a une femme pour se guérir*, en donnant à cure le sens de guérison qui se trouve déjà dans le *Roman de la Rose*, v. 4415 ; *De l'autre amor dirai la cure* Mais l'autre sens nous semble préférable.

D nous donne (V. a.) : *Homs qui se fie en feme*, hémistiche que nous avons déjà rencontré (V. b.) dans le ms B. Il y a là, comme on voit, une confusion dans la mémoire du scribe, s'il écrivait de mémoire, ou un bourdon ; mais ceci est moins probable. La comparaison des quatre mss. donne-

VII. Quoi qu'on die de feme, c'est une grant merveille :
De bien fere et de dire cascune s'apareille,
Et ausi sagement se pourvoit et conseille
Com fet li pavelons qui s'art à la candelle.

VIII. Quel li-feme est en lui, cho set ou porroit nus ;
Ne chou n'est biens apers, ne cho n'est max repus.
Humle semble com cendre, la ou gist ardanz fus ;
Qui plus s'i asseüre, c'est li plus tos perdus.

rait lieu à une foule de remarques de ce genre ; nous laissons au lecteur le soin de les faire.

Rapprochez d'ailleurs le vers V. b, dans le ms. A, du vers VI. a, même manuscrit.

VI. b. — *Medechine* ; B : *médecine*, forme française correspondant à la forme picarde.

VI. c. — *Asseür*. D donne : *a sehur*, qu'il faut lire *asehur* ; l'h indique simplement la diérèse. Cf. D. XIV.

VI. 1. — *Homs*. Ce mot a conservé ici à peu près toute la force étymologique de *homo*. Il est des cas, et il s'en rencontre plusieurs dans ce texte, où le sens devient plus général, et où l'on peut voir la transition qui a conduit au sens indéterminé de *on*, en français moderne et en vieux francais. L's est une irrégularité puisque *homo* n'en a point ; il est mis par analogie avec les noms qui suivaient en latin la deuxième déclinaison. On voit que déjà, au XIII° siècle, le sentiment de la déclinaison s'affaiblissait.

L'*en* (*l'an*), au troisième vers, est une forme picarde, que l'on rencontre aussi dans d'autres provinces du Nord concurremment avec la forme *l'on*. o a une tendance à devenir *a*, sinon toujours dans l'écriture, au moins dans la prononciation. Cf. *domina* = dame, et dans notre texte (II. 4,), *Dame Diex* = Dominus Deus.

VI. 2. — *Tos* = tous, latin *totos*. La forme primitive est évidemment *totz*, puis *toz*, z égalant *ts*. Le z a été mis aussi après un *n*, pour remplacer la dentale *d* ou *t*, qui s'intercale naturellement entre *n* et *s* (ex. : *anz* de *annus*), comme entre *n* et *r* (ex. : *gendre*, de *generum*, et en grec *andros*) Peu a peu, le sentiment de l'étymologie s'affaiblissant, les scribes ont mis sans cesse l's pour le z, et vice-versa. Ainsi des mots comme *sanz*, *douz*, *ardanz* (Cf. le ms A), qui dérivent de mots latins sans dentale, se rencontrent souvent écrits avec un z. Dès le XIII° siècle, la confusion est complète. Le ms A, qui est le plus ancien des quatre, a tantôt z, tantôt s pour le même mot ; mais déjà l's domine.

VI. 4. — *Ardent*, de *ardens*. Les adjectifs qui en latin ont la même forme pour le masculin et le féminin, n'ont aussi qu'une forme pour les deux genres dans le vieux français. La langue moderne a conservé quelques traces de cette règle : Ex. : *grand mère*, *grand messe*, etc. (où l'Académie met à tort une apostrophe ; car il n'y a jamais eu d'*e muet*), *lettres royaux* = *litteræ regales*.

Quoi qu'on dise des femmes, c'est là une grande merveille :
Toutes font leurs efforts pour bien faire et bien dire,
Et elles pourvoient et décident aussi sagement
Que le papillon qui se brûle à la chandelle.

Nul ne sait, ni ne pourrait savoir quelle femme il a avec lui ;
Ce ne sont ni des qualités éclatantes, ni des défauts cachés,
Elle paraît humble comme la cendre, quand il y a en elle un feu
[ardent.
Celui qui se fie le plus à elle est le plus tôt perdu.

VII. b. — B : *Chascun jor s'appareille.*

VII. d. — *li pavelons*. B C D : *papeillons*. La forme *paveillons* se trouve dans *Berthe aux grans pies*, poème du XIIIᵉ siècle, comme le nôtre, et aussi dans *Flore et Blanceflour* (XIIIᵉ siècle). A partir du XIVᵉ, on trouve toujours *papeillon* ou *papillon*, au sens d'insecte. La forme *paveillon* est alors réservée au sens de tente, qui se rencontre dès le XIIᵉ siècle, mais toujours avec la forme *paveillon*. Ce serait une preuve nouvelle que notre ms A est bien du XIIIᵉ siècle.

VII. d. — *Candelle*. B : *chandeille;* forme moins exacte du latin *candela*, mais qui donne une rime plus riche.

D donne aux deux premiers vers :

Qui diroit mal de feme ce seroit grant merveille,
Car de loiauté faire chascune s'apareille.

VII. 1. — *Die*, forme régulière de *dicat*, encore usitée au XVIIᵉ siècle.

VII. 2. — *S'apareille*. Le sens de ce verbe ne s'est guère conservé que comme terme de marine, et sous la forme *appareiller* = *mettre à la voile*, au sens neutre. Cf. *Berthe aux grans pies*.

Menestrel s'apareillent (s'apprêtent) *pour faire leur mestier*.

VIII. a. — Le ms B donne une leçon plus claire, mais que nous ne saurions adopter. Le ms A porte réellement après *set* le signe abréviatif ordinaire de *ou*, qui sert également pour *or*, *ro*, et qui, se reproduisant après la syllabe *por*, nous semble devoir s'unir à elle et se lire *roi*, ou même *roit*. Nous avons donc lu *porroit*, en sous-entendant *savoir*. La même notation se rencontre d'ailleurs dans le même ms, au couplet X.b : *Qu'a peine percevoir le puet ou porroit nus*, d'après notre lecture, en sous-intendant l'infinitif du verbe déjà exprimé (*percevoir*). Il n'y a donc pas à hésiter.

Quant à *ou*, employé au lieu de *ni*, on sait qu'on en trouve des exemples jusqu'au XVIIᵉ siècle, dans Corneille et Molière. Réciproquement, on trouve dans les anciens textes languedociens, provençaux, catalans et même français, des exemples de *ni* au sens de *ou*, et quelquefois de *et* (V. notre texte, passim).

La correction *quelle*, pour *quel li*, que donne le ms A, correction que l'on pourrait être tenté d'adopter, est inutile. En effet, on trouve dans les textes incontestablement picards *cheli* = *celle*, *liquele* = *laquelle*. Voir l'Anthologie picarde publiée en 1872 par M. Boucherie, dans la Revue des langues romanes (tome III, 3-4), où l'on trouve, dans la pièce *Che sont partures d'amoureus jus*, ces mots :

IX. Qui trop se fie en feme bien a el cuer la rage,
Se pais et sen preu het, et aime san damage ;
Et quant plus li semble humble et cremeteuse et sage,
Dont la croi atretant com le cat au fromage.

« Une autre dame vous prie. Que feres-vous ? L'ameres-vous, u vous servires *cheli* que aves servie ? »

La même pièce offre plusieurs exemples de *chelle*, au nominatif singulier féminin, ce qui semble indiquer que les deux formes étaient également usitées, et que le masculin remplaçait souvent le féminin. Cf. *li* = *la*, pronom. Même texte : *Quant vous li iries véir*, et passim. — Le même texte offre aussi des exemples de *liquele* = *laquelle*, d'où l'on peut conclure la forme *li*, article féminin. Quant à *quel* = *quelle*, on sait que c'est la forme normale de *quelis*, pour les deux genres.

VIII. a b. — B :

Les grands biens à la fame ne puet percevoir nus,
Ce n'est pas bien apers, ainçois est maus repus ;

Voici le couplet dans C :

Ce que femme a en lui (en elle), *a poinne le scet nulz,*
Car c'est uns biens emblez* qu'a poines est sceûz,
Com li or enterrez ou soubz la cendre fus,
Qui plus s'y asseûre, c'est li plus tost perduz.

VIII. c. — *Humle* (Cf. V. c et XV. b.). — Cf. aussi *Anthologie picarde*, de M. Boucherie, dans la pièce intitulée : *Peines d'amour*.

VIII. d. — *Tos*. B C : *tost*.

VIII. 2. — *Biens apers* = bonum apertum (bien, qualité évidente). Le ms B a : *bien*. On peut voir là une réminiscence du neutre latin, si l'on ne préfère y voir une erreur du copiste, car il met *apers* au lieu de *apert* qu'il faudrait s'il observait le neutre latin.

Max *repus* (cachés). On trouve *en repu* = en cachette, Ce sens de *caché* se retrouve dans l'expression *Dimanche repus* = Dimanche de la Passion (où l'on cache sous un voile la croix et les images des saints jusqu'au samedi saint). Il se tire assez facilement du sens de *nourri* (secrètement), entretenu, au figuré (Cf. A B, X, et C. XXII.). — *Biens apers*, et *max repus*, sont, bien entendu, au nominatif singulier.

VIII. 4. — *Tos* et *tost* (mss B et C.) = tôt, du latin *tostus* = rôti, brûlé : italien *tosto*, provençal *tost*. MM. Diez et Scheler citent à l'appui de cette étymologie l'italien *caldo* (tout à coup), du latin *calidus* (chaud) ; le v. fr. *chalt-pas* (calido passu), et l'allemand-suisse *fuss warms* (promptement), qui a une composition analogue et qui signifie aussi *d'un pas chaud, promptement*.

---

* EMBLEZ, du bas-latin INVOLATUS = ravi, volé. Le verbe INVOLARE (de vola = paume de la main), a signifié prendre avec la main, d'où le sens de voler, ravir.

Celui qui se fie trop à la femme a assurément la rage au cœur.
Il déteste son repos et son intérêt et aime son dommage.
Et plus elle est humble, et craintive, et sage,
Moins alors j'ai confiance en elle, autant qu'au chat qui est
[devant un fromage.]

IX. a. — B : *Hom qui se fie en feme* (Cf. B. V. b, et D, V. a, et la note au c. VI. a, ms. A.) *bien a el cors la rage*.

IX. b. — B : *et s'aime son domage* (s' = si, adverbe).

IX. c d. — B : Quar com *plus li samble humble et cremeteuse et sage*,
Adonc *la croi* autant *com chat au* fres *frommage*.

M. Jubinal imprime *comme* au lieu de *com*, ce qui fait le vers faux et vient d'une erreur de lecture.

Nous aurons bientôt à relever de sa part des erreurs plus graves qui touchent au sens.

IX. 2. — *Preu* = *(prou, prod, preut)* = profit, avantage. Il dérive de la préposition latine *pro*. Il semble que le verbe *prod-esse (être utile)*, où *pro* conserve le *d* primitif disparu plus tard, n'a pas été sans influence sur ce mot. Cf. l'ital. *contro* = désavantage, du latin *contra* (Littré). — M. G. Paris voit dans *prod* (de *prodest*), la racine commune de *prou* = profit, de *prou*, adverbe) = en abondance (Cf. en patois du Rouergue, *prou* = assez), et de *prod, proz, preux* = utile, bon, brave.

— *Sen preu*. Le ms A donne *sen*, B donne *son*. Nous savons, en effet, que le ms A seul était picard. *Sen* se trouve déjà dans le fragment de Valenciennes (Xe siècle) *(un edre sore sen cheve)*, et paraît particulier à la Flandre et à la Picardie (Cf. *l'en* = *l'on*).

— *Damage*, forme picarde ; bourguignon, *dommeige* ; provençal, *damnatge*, v. fr. *domage, doumage, demage, demace*. Ce mot semble dériver de *damnum*, ou plutôt de la forme bas-latine *damnaticum*, qui explique très-bien les formes picardes et provençales. Mais *domage* et *demage* sont plus difficiles à expliquer par cette étymologie ; car si l'*o* devient facilement *a* ou *e* (dominus = dame, l'en = l'on, dans notre texte); en revanche il est très-rare que *a* devienne *o* : ce qui fait soupçonner à M. Littré une origine germanique, ou encore (c'est plutôt mon avis) le verbe *domare ;* au moyen des formes dérivées *domacium, domaticum*. Il peut se faire qu'il y ait eu influence réciproque des deux racines *damnum* et *domare*, dans les formes qui ne s'expliquent pas convenablement par *damnum*.

— *Se* = *sa*, forme picarde. Cf. *le* = *la*, pronom et article féminin (A. XXXIII, 3, *le fin*, et XXII, 3, *qui le croit*). Cf. aussi A. XII. d.

IX. 3. — *Cremeteuse* = craintive. Modification remarquable du *tr* en *cr*. *Tremere* en latin a donné *trem're, crem're*, puis en v. fr. *criendre* (et aujourd'hui *craindre*), d'un côté, et de l'autre *cremir*, par un changement dans la quantité, et la conjugaison (*tremére* au lieu de *trémère*). De *cremir* est venu le substantif *(crieme, craime,) creme* = crainte, qui a servi à former notre mot *cremeteuse*, et qui laisse mieux voir la racine à laquelle s'est joint le suffixe *eux*, du latin *osus*.

X. Molt a de bien en feme, mes il est mult repûs,
   Qu'a paines percevoir le puet ou porroit nus ;
   Lor fienche resamble la meson Dedalus :
   Puis c'om est [enz] entre [z], si n'en puet issir nus.

XI. Sor tote riens, est feme de muable talent ;
   Par nature velt faire cho c'om plus li deffent.
   Un pense, autre dit ; or velt, or se repent ;
   En son propos est ferme, com est fumee a vent.

IX. 4. — *Dont la croi*. *Dont* n'est pas ici pronom relatif, venant du bas-latin *de-unde*, v. fr. *dunt* et *dont*, déjà au xe siècle (*Cantique de Sainte Eulalie*). C'est plutôt *dont*, adverbe, écrit plus souvent *dons* (ou *adons, adonc, adont*) = alors, de *ad-tunc* ; ce que semble confirmer le ms B, qui donne *adonc*.

Autretant = autant, de *alterum-tantum* ; catalan, *allretant* ; espagnol, *otrotanto* ; ital., *altrettanto*. Se trouve déjà dans la *Chanson de Roland* (xie siècle). Joinville (fin du xiie siècle) emploie *autant* et *autretant*. *Autant* vient de *aliud-tantum*. Cf. D. VIII, *autressi* (note à A. XVI. c d.).

Fromage (*formage. fourmaige*, etc.), du bas-latin *formaticum* = ce qui est fait avec une forme.

X. a. — D : *Mult a de bien en feme, mais il est trop reclus*;

Reclus confirme ici le sens que nous avons donné au mot *repus*, que donnent les autres mss (v. note VIII. 2.). — C'est probablement une glose explicative, le mot *repus* ayant paru trop obscur.

X. b. — B : *Quar a mult grandes paines le puet percevoir* nus.
   C : *Qu'a poine percevoir le porroit homme* nulz.
   D : *Trouver n'apercevoir ne le porroit jor* nuls.

Ces trois mss nous donnent les trois orthographes différentes du nominatif *nullus*, en v. fr. Mais on ne saurait rien en conclure sur leur âge respectif (voir la note VI. 2.).

X. d. — B : *Quant l'en est enz entrez, si n'en puet issir nus*.
   C : *Quant on y est entré, ne s'en puet issir nulz*.
   D : *Quant l'on y est entrez, l'en ne puet trouver l'us* (*l'huis*, de *ostium*).

La leçon du ms B permet de rétablir à la fois le vers et le sens, dans le vers du ms A, en intercalant *enz*, entre *est* et *entré*.

XI. a. — *Sor tote riens*, et C : *sur toute riens*. Il y a lieu de s'étonner de cette faute contre la déclinaison, se trouvant dans deux mss, qui ne dérivent pas l'un de l'autre. Parmi les nombreux exemples que cite M. Littré (Dict. de la langue française, s v. *rien*), je n'en vois aucun qui ne puisse être ramené aux règles de la déclinaison. On trouve bien souvent : *por riens, de riens*, on peut admettre qu'il y a ici le régime pluriel, et ces formes seraient régulières. Je propose donc de corriger : *sor totes riens*, au pluriel, ou *sor tote rien*, au singulier.

Il y a beaucoup de biens (qualités) dans la femme, mais il est si
[*bien caché,*
Qu'à grand'peine peut-on (ou pourrait-on) les apercevoir.
Leur foi ressemble à la maison de Dédale ;
Quand on y est entré, on n'en peut sortir.

En toute chose la femme a des désirs variables ;
Par nature elle est portée à faire les choses qu'on lui défend le
[*plus.*
Elle pense une chose et en dit une autre ; tantôt elle veut, tantôt
[*elle se repent d'avoir voulu.*
Elle est ferme en ses résolutions, comme la fumée au vent (chas-
[*sée par le vent).*

XI. b. — C : *Par nature velt faire tout quan qu'on leur defent.* Jubinal lit à tort *defend. Quanque = quantum-quod.*

XI. c. — *Velt* (forme régulière). C. donne *veust.* Je ne m'explique cet *s* adventice que par la manie pédantesque du scribe du XVe siècle.

XI. d. — C : *En son propos se tient com le cochet au vent.*
Jubinal imprime *comme,* qui fait le vers faux, et qui, d'ailleurs, n'est pas dans le ms.
Ce vers du ms C donne un sens bien moins satisfaisant que celui de A :
En son propos est ferme com est fumee o vent.
C'est sans doute une erreur de lecture du scribe de C, qui, copiant un ms similaire de A, a interprété à sa façon un accident d'écriture assez curieux. Le ms A porte entre les mots *com* et *est* le signe d'abréviation qui signifie *com,* et que le scribe y a mis sans s'apercevoir qu'il avait déjà écrit *com* en toutes lettres Le scribe de C a pris ce signe comme s'il devait être réuni à *est* et a lu *cochet,* interprétant largement le signe en question qui s'emploie ordinairement pour *co, con* ou *com*. Puis il a ajouté l'article pour faire le vers, supprimant le mot *fumée,* qui faisait un non-sens. Je donne cette explication pour ce qu'elle vaut.

N. B. — Ce couplet est indiqué par M. Jubinal comme spécial au ms C, qui le contient en effet (v. C. XXIII.). — Mais il est aussi dans A. Quoique M. Jubinal signale l'existence du ms A, et en cite deux couplets en note, il ne paraît pas l'avoir sérieusement étudié. Car il commet la même erreur pour les couplets 8, 26, 13, 18, 10 et 21 du ms C, qui correspondent aux couplets 8, 13, 16, 29, 30 et 31 du ms A, et par conséquent ne sont pas spéciaux à C, comme il le prétend. Je ne parle pas des couplets 9 et 11 de D qui correspondent aux couplets 18 et 21 de C, puisque M. Jubinal ne connaissait pas le ms de Dijon.

X. 1. — *Molt a de bien en feme.* — *Bien* est ici au régime singulier. Dans l'expression *il (y) a,* toujours employée avec ellipse de l'adverbe *y,* on traite, dans le v. fr., *a* comme un verbe actif, et le sujet réel se met au cas du régime.

XII. N est pas drois ne raisons c'om de feme mesdie :
Sages sont et seüres, plaines de cortoisie ;
Et quoi c'om die d'eles, faus est qui ne s'i fie,
Com li paistres dou leu qui se bieste a mengie.

XIII. Homs plus que riens doit feme servir et honorer :
Discretes sont et femes seüres en parler ;
Tant fait douç et seür entre eles converser,
Comme ferait descauç par un [grant] feu aler.

X. 2. — *Qu'a peine*, etc. *Que* signifie ici *de sorte que*, sens assez ordinaire en v. fr., et encore aujourd'hui dans les patois du Midi.

X. 4. — *Puis c'om. Puis c'* pour *puisque = après que*, sens étymologique du latin *postquam. Post* est devenu par métathèse *pots*, comme le confirme la forme milanaise *pox* (*cs = ts*, comme *cr = tr.* dans *craindre* de *tremére*). De là la diphtongue *ui.* Cf. suivre, de* *sequere* secvere*, pour *si qui*.

C'om est pour *qu'hom.* Les anciens mss, comme le fait remarquer justement M. Boucherie (Revue des Langues romanes, t. 2), n'écrivent jamais l'*h* initiale dans les mots où elle est muette, quand il y a élision (*l'*, *d'*, *c'*, etc.) Cf. *l'on*. Ajoutons que l'élision de *que* n'a lieu que devant les voyelles qui laissent au *c* le son dur *(a, o, u)*. (V. Nat. de Wailly, Charles d'Aire.) — *Enz*, du latin *intus* = dedans.

Issir de *exire*; nous n'en avons conservé que le participe *issu*, et le substantif verbal *issue*, dérivé du participe.

XI. 1. — *Talent* volonté, désir, sens dérivé d'une forme originale du latin *talentum* (en grec talanton) = *poids*, (*ce qui peut faire pencher la balance*). Au XVIII siècle, par une nouvelle transformation, il a pris le sens de aptitude, dons naturels ou acquis. On peut rapprocher du sens de *désir*, le mot Rouergat, *talen* = *faim, appétit*, qui ne signifie rien que cela. Le sens du français moderne a passé par imitation au provençal et au languedocien.

XI. 3. — *Or* = *maintenant*, à cette heure, tantôt... tantôt, — *de hora*. On disait aussi *ore* et *ores (horis).* Nous n'en avons retenu, comme adverbes de temps, que *d'ores et déjà, dorénavant* = *d'ore en avant. Or*, conjonction copulative, est le même mot pris au sens figuré. — *Or (ora, ores)*, répété, a signifié tantôt... tantôt, jusqu'au XVIIe siècle. Cf. Régnier, satire XI : Or ils parlent soldat, et ores citoyens.

XII. a. — B : *N'est plus droiz ne reson que de fames mesdie* ; C : *que des femmes mesdie* ; D : *que de feme mesdie*. On voit que ces trois mss sous-entendent également le sujet *om*.

XII. b. — D : *Sages sont et aprises et de grant courtoisie* ; B C : *senees*.

XII. c, — B C D : *fols*, au lieu de *faus*. D : *Car en quan qu'elles dient*.

---

* Sequere, ˙secvere.

Il n'y a pas de droit ni de raison pour qu'on médise des femmes ;
Elles sont sages et sensées, pleines de courtoisie ;
Et quoiqu'on dise d'elles, celui-là est fou qui ne s'y fie,
Comme le pâtre au loup qui a mangé sa brebis.

L'homme doit servir et honorer les femmes plus que tout.
Les femmes sont sûres et discrètes dans leur parler.
C'est si bon, c'est si sûr de les fréquenter !
C'est comme si l'on allait pieds nus dans un [grand] feu.

XII. d. — B : *Tant com paistres ou leu qui sa beste a mengie.*

C : *Tant com pasteur ou leu. quant sa beste est mengice.*
   Pasteur est un de ces mots qui indiquent la date relativement moderne du ms C.

D : *Com li bergier on leu, quant la beste a saisie.*
   Dans D, la rime est mieux observée avec la variante *saisie*. C'est sans doute la vraie leçon.

XII. 3. — La leçon de D : *Car en quan qu'elles dient*, doit se traduire par : car, quoi qu'elles disent...; en quan que = *in quantum quod*, littéralement : jusqu'où que... Le sens est différent de celui des autres mss qui est : Et quoi qu'on dise (qu'on vienne nous dire) d'elles...

XIII. ab. — C : *Je voy trois biens en femme qui moult sont* * *a louer.*
   Simples sont et senees, il n'y a que blamer. (couplet XXVI).

Le premier vers correspond exactement au premier vers du couplet XV dans A, et réciproquement le c. XXV de C, qui correspond à A, XV, pour les trois derniers vers, à son premier vers à peu près semblable au premier vers du c. XIII de A Le voici :

Seur tote rien doit on partout feme honorer.

Ce vers est aussi le premier du c. XII de B, qui, pour les trois autres vers correspond exactement au c. XV de A.

Il y a, comme on voit, interversion pour ce premier vers dans les deux mss. Le deuxième vers offre quelque ressemblance dans A, XIII et XV, B, XII, et C. XXV et XXVI (V. A, XV).

---

* M. Jubinal lit : FONT A LOUER. L'expression FAIRE A, suivie d'un infinitif, s'emploie jusqu'au XIVe siècle, avec le sens passif (v. notre note A. III. 2.). QUI MOULT FONT A LOUER signifierait ici : qui agissent de façon à être louées, qui méritent des éloges. Mais il ne me paraît pas naturel de faire rapporter QUI à un nom de choses, BIENS. Si on le rapportait à FEMME, il faudrait que ce mot fût au pluriel, et d'ailleurs le sens serait peu satisfaisant, FEMME étant pris ici, sans article, dans un sens déterminé = chez la femme en général. D'ailleurs ici les deux mss donnent également SONT, et non pas FONT (Voir aussi A, XV, a, en vers identique). M. Jubinal a lu plusieurs fois F pour S, et réciproquement. Nous n'y reviendrons pas. Disons cependant en passant, qu'au vers c, il a mis CONTRE ELLES, au lieu de ENTRE ELLES, qui se trouve dans les deux mss. Il semble donner à CONVERSER le sens de PARLER, DISCUTER, qui est tout moderne. L'ancienne langue n'a que le sens étymologique de FRÉQUENTER, ÊTRE AVEC QUELQU'UN.

XIV. Compaignie est sainte de feme et honeste.
(Lisez : *Compaignie de feme est mult sainte et honeste* ;)
Nus n'i porroit sentir grievance ne moleste.
Si seür fet entre eles mener et joie et feste,
Si l'on estoit en mer sans mast et grant tempeste.
(Lisez : *Com s'on estoit en mer, etc.*)

XV. Je voi trois biens en feme qui molt sont a loer.
Humles sont et estables, *et* seüres en parler.
De riens que on lor die ne se puet nus douter,
Nient plus que s'il estoit en un panier en mer.

XIII. cd. — C : *Tant fait bon et seür entre elles converser*
Com un homme tout nu en feu ardent aller.

Ce dernier vers offre un sens moins satisfaisant que celui de A. Dans A, d j'ai suppléé le mot *grant*, pour la mesure et le sens ; le scribe a mis deux fois *un*, par inadvertance, de cette manière : *en un .j. feu aler*.

A remarquer le ç doux final écrit c, dans les mots *douç* et *descauç* (A, cd. — C'est un souvenir de l'étymologie (dulcis, discalcius).

XIII. 4. — *Dou leu* = au sujet du loup. La leçon *au (ou, on) leu* est plus régulière, le verbe *se fier* étant construit au vers précédent avec le pronom *i* = à elle.

XIII. 4. — *Descauc* (*descaus*), du bas-latin *discalcius (dis et calceus)* qui se trouve dans la loi salique. *Descaus* est la forme picarde de *deschaux*, aujourd'hui *déchaux*. — *Déchaussé* vient régulièrement du participe latin *discalceatus*.

M. Egger (*Mémoire sur les noms verbaux tirés de l'infinitif*) incline à y voir un nom (adjectif) verbal dérivé du verbe à l'infinitif *déchausser*, par suppression de la terminaison, comme il est arrivé pour une foule d'autres noms, qui, au premier abord, paraissent tirés directement d'une racine latine, parce qu'ils sont plus simples que le verbe correspondant. Ex.: *refus*, de *refuser* ; *cri*, de *crier*, etc.

XIV. a. — Le ms B porte : *Compaignie de fame est mult sainte et honeste*.

C'est évidemment ainsi qu'il faut rétablir le texte de A. Nous traduisons en conséquence.

XIV. b. — B : *Nus n'y porroit sentir mesaise* ne moleste*.

XIV. c. — B : *Mener et geu et feste*.

XIV. d. — B : *Comme sans gouvernail par mer en grant tempeste*.

* MESAISE, de MES, préfixe péjoratif, et de AISE. ME ou MES, prov. MES et MENS; espag. MENOS; dérive de MINUS. Il est possible aussi que le germanique MIS ait eu quelque influence sur cette forme qu'a prise MINUS.
AISE vient du gaëlique ADHAIS (AISE), ou de l'anglo-saxon ADHE (FACILE); bas breton, CAZ, EZ (AISÉ). (Dictionnaire de Littré).

Compagnie de femme est très-sainte et très-honnête ;
On n'y saurait trouver ni souffrance ni ennui.
On est autant en sûreté, en vivant avec elles dans la joie et les
[*fêtes.*
Que si l'on était en mer sans mât, au milieu d'une grande tem-
[*pête.*
Je vois dans la femme trois biens (qualités) qui méritent de grands
[*éloges.*
Elles sont humbles et fermes, et sûres en paroles (capables de
[*garder un secret.*
Quoi qu'on leur dise, il ne faut pas redouter leur indiscrétion (ou
[*se méfier*),
Pas plus que si l'on était en mer dans un panier.

Le vers, tel que le donne A, est altéré ; car il manque du signe indispensable de la comparaison, *com*, corrélatif de *si*, au commencement du vers précédent ; il y a là un bourdon facile à comprendre.

XIV. 2. — *Grivance* — ou *grievance* (mais toujours en trois syllabes, se prononçant sans doute *grivance* ou *grevance?*). Il y a à ce mot, dans le ms, plusieurs abréviations assez fortes. Ce mot est d'ailleurs fort admissible pour le sens. Je n'en connais pas d'autre exemple sous cette forme ; mais on en trouve plusieurs de *grieveté* (d'abord *grieté*, *griesté*), encore usité au XVIIe siècle, et qui dérive régulièrement de *gravitas*. *Grievance* suppose un mot bas-latin *graviantia* (Cf. A. XXIII, le mot *pianche*, qui a des abréviations analogues dans le ms).

XIV. 4. — *Sans* (et au c. IV *sanz*). Je me suis contenté de signaler les corrections qu'il fallait nécessairement faire au texte. Quant à la différence d'orthographe constatée pour les mots se terminant en *ns* ou *nz*, indifféremment, je n'ai pas cru devoir proposer de corrections. Car au XIIIe siècle, le *z* avait déjà beaucoup perdu de sa valeur étymologique, et il était sans cesse confondu avec l's qu'il remplaçait souvent, et par qui il était remplacé sans autre raison que le caprice du scribe.

XV. a. — Il y a bien *sont à loer* et non *font à louer* (v. note A. XIII a*).

XV. b. — Le ms A faisant toujours *seür*, de deux syllabes, il faut considérer *et* comme interpolé.
Humles (Cf. V. c. et VIII. c.)

XV. c. — Il faut évidemment corriger *qu'on lor die* en *que on lor die*, sans élision, pour la mesure. S'il y avait élision, on écrirait *c'on* (V. note X, 4, et Cf. XVIII, a.)
B donne : *De chose c'om leur die ne se covient douter.*

XV. d. — B donne *s'on* au lieu de *s'il*, à cause du verbe impersonnel *se covient*.

B et C s'accordent à donner ainsi les deux premiers vers, sauf les variantes ordinaires d'orthographe :
Seur tote rien doit-on partout fame honorer ;
Fermes sont et estables et bien sevent celer.
(Cf. A. XIII. a.).

XVI. Savoir talent de feme ne coment se puet faindre.
Cho ne puet bouche dire, cuer penser ne ataindre.
Puisqu'ele velt le cose, nus ne le puet destraindre
Nient plus com on porroit un blanc drap en noir teindre.
(Lisez : *un noir drap en blanc teindre.*)

XVII. C'est merveille de feme, onques tele ne fu ;
D'aemplir son talent adies a l'arc tendu.
Qui le miex en cuide estre souvent a tot perdu ;
Ne s'en set on warder, sont mal por bien rendu.

XV. 4. — *Nient* = néant, de *ne* et *ens*, participe du verbe *esse*. Le sens, comme on le voit, est celui de notre mot *(ne) pas*, ou de *rien* pris négativement. *Rien*, au moyen-âge, est toujours affirmatif ; il signifie simplement *chose*, et vient de *rem*. Il fait au sujet singulier et au régime pluriel, *riens*, et au régime sing. et suj. plur. *rien*. *Riens* participe ainsi de *res*, par l's du cas sujet, et de *rem* par la nasale.

XVI. a. — C : *Et comment se scet feindre.*

XVI. c d. — C : *Quant el scet une chose, si la puet on esteindre*
[(étouffer, cacher)]
Aussi com on porroit un vert drap en blanc teindre.
Cette leçon du 4ᵉ vers donne la correction probable du quatrième de A. J'ai traduit en conséquence.

XVI. 3. — *Le cose* = la chose. L'article féminin et le pronom personnel féminin, en picard, sont très-souvent *le*. Cf. Alebrant, f° 22 : *Qu'il ait en le maison cantepleures, et ke li pavemens soit arousés d'ewe froide* ; et Tailliar (*Recueil d'actes des* XIIᵉ *et* XIIIᵉ *siècles en langue romane et wallonne*), *Et y auls pourvoir profitablement, qui pour le faibleté de leur corps ne poent entendre à la deffense de leur choses.* — Cf. aussi même vers : *le puet destraindre.* Cf. aussi A. XXII. b., XXIV. c. et XXVII. b.

Cose, de *causa*, forme picarde aussi, comme il s'en rencontre tant dans ce ms.

XVII. a. — M. Jubinal imprime : *C'onques tele ne fu*, qui ne se rencontre ni dans les deux manuscrits qu'il a consultés, ni dans le ms de Dijon. Tous portent *Onques, etc...*

D : *Grant merveille est de feme.*

XVII. b. — B donne : *De bien fere et de dire* (sans doute pour *bien dire*) *a toz jors l'arc tendu.*

D : *De tous biens entreprendre a touz jors l'air* (sic) *tendu.*

Le scribe a sans doute pris le *c* final pour un *r*, et l'*r* qui précède pour un *i*, ce qui est fort possible dans l'écriture de cette époque.

Je lis, dans le ms A, *d'aemplir*, en latin *adimplere*.

Il est impossible d'y lire d'acomplir, car il y a : *da eplir*, avec le signe d'abréviation remplaçant l'*n* ou l'*m* (*l'anusvara*), sur la lettre *e*.

*Connaître le désir secret d'une femme et savoir comment elle
[peut dissimuler.
La bouche ne peut le dire, l'esprit ne peut le penser ni l'atteindre.
Quand elle veut une chose, nul ne peut la retenir,
Pas plus qu'on ne pourrait teindre un drap noir en blanc.*

*C'est une merveille que la femme, jamais il n'y eut rien de pareil;
Sans cesse elle a l'arc tendu pour (elle vise à) accomplir son désir.
Celui qui croit être au mieux avec elle souvent est complétement
[perdu (litt. : a tout perdu);
Si l'on ne sait s'en garder, elle nous rend le mal pour le bien.*

XVII. c d. | B : *Diseteur de conseil sont par els* secoru,
Autant comme oiselet quant sont pris a la glu.*
D : *Pour** sa science sont maint home secouru.
Autressi com l'oisel qui est prins a la glu.*

Ces deux mss nous donnent sans doute la vraie leçon, puisque, dans A, il n'y a pas la comparaison satirique ordinaire au quatrième vers.

XVII. 1. — L'emploi de la préposition *de*, dans cette expression, nous semble se rapprocher un peu de son emploi dans le régime des comparatifs, en vieux français. *Plus grand de vous*, disait-on au moyen-âge, concurremment avec *plus grand que vous* (Cf. l'italien *più grande del mio* = *plus grand que le mien*). On voit que dans les deux cas, la préposition *de* remplace *que*, et indique un rapport analogue de comparaison. Rapprochez aussi, et peut-être plus justement, *de* devant un infinitif français, dans ces sortes de phrases : *C'est merveille de voir, d'entendre*, où *de* est explétif (Cf. A. XXVI. d.).

XVII. 4. — *Set* = sait. On a introduit à tort un ç, dans savoir (sçavoir), au XVe et au XVIe siècle, au moment où les grammairiens rétablissaient ainsi une foule de lettres, sous prétexte d'exactitude étymologique (Cf. *dict, faict*, pour *dit, fait*, etc.) On a cru que *savoir* était dérivé de *scire*; mais les formes provençales *saber, saper*, et italiennes *saber, saver* montre qu'il vient de sapere, avec déplacement de l'accent (sapère).

Warder, forme picarde et flamande, de garder (v. fr. guarder). Il y a eu consonnification de l'*u*, et chute du *g* (Cf. vorare = *gvorare *guorare, rapproché de *gula*). *Guarder* vient de l'ancien haut-allemand *warten* (prendre garde), du radical *war* (considérer, prendre garde). Cf. l'allemand moderne *wahr, wehren*, et le latin *vereor*. On peut aussi admettre que le picard a emprunté directement *warder* au germanique.

* Els = ELLES (ordinairement EUX), en picard, Cf. Roman de la Rose, v. 2879.
GE FUSSE ARIVES A BON PORT
SE D'ELS TROIS NE FUSSE AGUETIES (il s'agit de trois femmes).
Rapprochez aussi dans le ms A, LE pour LA (C. XXII. b., XXIV. c., XXVII. b.).

** POUR = PAR. POURCE QUE (PARCE QUE) indique le but et non, comme la locution française, le moyen. Le sens de POUR, dans notre texte, nous semble assez rare; mais il servirait peut-être à expliquer la confusion qui s'est produite entre PARCE QUE et POURCE QUE, au XVIIe siècle.

XVIII. Bien se doit on warder que on feme ne mueve ;
Volenters se coureche, quand ne set li contrueve.
Mult est fols qui les aime, qui ne va a l'espreuve ;
Ce fust cil qui seüst le vies *lor* et le nueve.

XIX. N'est sages ni cortois qui de feme mesdit :
Car toute loiaute en eles maint et gist.
Je ne les mesquerroie por rien c'om me desist
Nient plus que un grant fu men doit que rarsist.
(Lisez : *Nient plus qu'en un grant fu men doit que ne*
[*rarsist.*)

XVIII. b. — Il se pourrait qu'il fallût lire *volentiers*, et non *volenters* ; car il a une abréviation sur la dernière syllabe, ce qui laisse toujours une certaine marge. Il y a, je crois, des exemples des deux formes.

XVIII. d. — *Le vies l'or* ; il faut sans doute lire simplement : *le vies or.*

XVIII. 2. — (*Se*) *coureche*, de *courecher*, forme picarde du verbe *courecier*, *correcier*, et plus anciennement *corrocier*, tiré de *courroux* (en v. fr. corrot, courou), qui semble venir du latin *corruptus* (aigri, au figuré). Quant à la forme *courecher*, remarquons que le picard, qui remplace par *c* dur ou par *k* le *ch* français devant *a*, *o*, *u*, pour traduire le *c* dur latin, emploie au contraire *ch* au lieu du *c* doux français, et du *c* latin devant *e* et *i*. Cf. A. XXVI, où l'on trouve *dechoivre*, *rechoivre*, pour *reçoivre*, *deçoivre* ; et ailleurs : *cho (chou) = ço (ce) ; cha = çà ; glachon, fianche*, etc.

Le caractère franchement picard du ms A souffre une altération au couplet XX. d, où l'on trouve *eschaces*, forme toute française, quand l'on s'attendrait à trouver *escaces*.

Peskier (A. XXI. d.), est régulier en picard, comme venant du latin *piscari*.

Contrueve, nom verbal, dérivé du verbe *controuver*, par apocope de la terminaison de l'infinitif. Ce mot est assez rare : on n'en a relevé, je crois, qu'un autre exemple cité par M. Joly, dans son édition récente de *Benoît de Sainte-More*. Notre exemple corroborerait l'opinion de M. Egger qui, dans son *Mémoire sur les noms tirés de l'infinitif* (*Revue des Langues romanes*, tome V), croit qu'il faut mettre au nombre de ces substantifs le mot *contrueve*. On trouve dans le nom verbal *contrueve*, comme à l'indicatif présent singulier, la trace de l'influence qu'exerce l'accent latin sur la tonique : *Controver* ou *controuver* donne *je contrueve* (Cf. *mourir, je meurs ; pouvoir, je peux*, etc.)

XVIII. 4. — *Vies* (*viez*), de *vetus*. *Vieils* ou *vieux* (au sujet), *vieil* (au régime), vient non pas de *vetus*, mais de **veclus*, forme populaire, pour **vetlus, vetulus*, diminutif de *vetus* (Cf. *soleil = soliculum*). Ce vers explique ce que l'auteur entend par *l'épreuve* : elle consiste à distinguer les femmes bonnes des mauvaises, comme l'orfèvre distingue l'or vieux du neuf.

On doit bien se garder d'exciter une femme,
Volontiers elle se courrouce, quand elle ne sait quelle réponse
[*faire.*
Bien est fou qui les aime sans aller à l'épreuve :
C'est celui qui sait (litt. : saurait) *distinguer le vieil or du neuf.*

Il n'est ni sage ni courtois celui qui médit des femmes :
Car toute loyauté réside et se trouve en elles.
Je ne doute pas d'elles, quoiqu'on me dise sur leur compte
(Ou bien : *Je ne refuse pas de les croire, quoi qu'elles m'en disent*),
Pas plus que je ne douterais qu'en un grand feu mon doigt dût
[*se brûler* (ne se brûlât).

On pourrait y trouver un sens un peu différent en mettant un point au lieu d'une virgule après l'hémistiche, de cette manière :

Mult est fols qui les aime. Qui ne va à l'esprueve,
Ce fust cil qui seüst le vies or et le nueve.

qu'on traduirait. Bien fou est celui qui les aime. Celui qui ne va pas à l'épreuve, c'est celui qui connaît bien le vieux or et le neuf (et qu'on ne peut tromper). Mais ce serait peut-être un peu contourné.

XIX. a. — Il y a bien *ni* dans le ms, comme aussi au couplet suivant, vers a.

XIX. d. — La correction que j'ai proposée me semble indispensable. On pourrait tout au plus conserver le premier hémistiche, en admettant que *rarsist* pût avoir le sens actif ; encore l'inversion serait-elle un peu choquante.

XIX. 1. — *Ni*. Est-ce une erreur du scribe ? Il est étrange qu'elle se reproduise au couplet suivant (XX. a.). Si l'on admet la légitimité de cette orthographe, il en résulterait que le mot *ni* ne se présenterait pas pour la première fois dans Froissart (XVe siècle), comme le veut M. Littré (*Dictionnaire s. v. ni*), puisqu'on le rencontre dans notre ms, qui date de la fin du XIIIe siècle. Dans aucun cas, d'ailleurs, cela ne saurait infirmer les raisons qui portent à placer notre ms à cette date.

XIX. 3. — *Desist*, de *dixisset*. On sait que l'imparfait du subjonctif français s'est formé du plus-que-parfait du subjonctif latin. Ici l's doit sans doute être prononcé dur (Cf. *rarsist*).

XIX. 4. — *Rarsist*. Imp. du subj. de *rardre* pour *r'ardre*, *re-ardre*, bas-latin *reardere*. L'ancienne langue formait avec une grande facilité des verbes composés à l'aide du préfixe *re* ou *r'* devant une voyelle. Un grand nombre de ces composés sont aujourd'hui perdus.

XX.   Se feme set d'un home honte ni encombrier,
    De par li desconus soit, ne l'estuet soignier ;
    Ausi seürement se puet sor cho fyer,
    Com aler a eschaces par deseure un clokier.

XXI. Se honte ne un blasme d'autrui *voelle* savoit,
    Sachies par verité por nient s'en douteroit :
    Car ausi volentiers por voir le celeroit,
    Com *nus* cos en un vivier pesquier rocel iroit.

XXII. Feme est en loiauté et en douçor sovraine :
    Car tous chiax qui le croient a sainte fin amaine,
    Ne cose ne diroit dont autres eüst paine,
    Pour autant de fin or com a de keue raine.

XX. a. — *N.* Cf. XIX. a.

XX. 2. — *De par li* = *par elle*. Peut-être faut-il voir ici une tournure analogue à celle qui s'est conservée en français moderne *de par le roi* = *de la part du roi*. Quoi qu'il en soit, notons au sujet de *li elle*, que *il* s'employait assez souvent, surtout en picard, pour *elle*, surtout aux cas obliques (*li, lui, le* = *à elle, elle, la*).

On trouve dans *Berthe aux granz pies* :
    Li une lui apporte à mengier.

Cela se conçoit facilement, puisque *illa* latin donne aussi bien *il* que *elle*. Mais l'usage n'est constant que pour *li* = *lui* (datif), ou *elle*, précédé d'une préposition (Cf. XVI. 4. Note.).

Estuet, pris impersonnellement (de *estavoir, estouoir* se tenir debout, signifie : *il convient, il est nécessaire, c'est un fait constant*.

Soignier. — Ce mot a eu d'abord le sens de *s'excuser en justice pour défaut de comparution*, du bas-latin *sunnia, sonnia* = excuse en justice. Plus tard, il a signifié, comme ici, *prendre souci, s'inquiéter*. On a proposé, mais à tort, pour l'étymologie de *soigner*, le verbe latin *somniare* (songer).

XX. 4. — *Clokier* (Cf. XXI. d. *peskier*), forme régulière en picard. Etymologie incertaine, a peut-être des affinités avec *clocher* = *boiter*. (V. Littré, *Dict.*).

XXI. a. — *Voelle*. Je ne connais pas cette forme. La mesure demande un mot de deux syllabes, et le sens exige le mot *elle*.

XXI. d. — Il faut évidemmment supprimer *nus*, pour la mesure, à moins qu'on ne supprime *un* (écrit *i.*). Le sens gagne, du reste, à la suppression de *nus*.

XXI. 1. — *Ne un blasme*. Ici *ne* signifie *ou*, comme ailleurs dans ce texte. Il s'emploie dans le second terme des propositions dubitatives, quand

Si une femme sait sur le compte d'un homme quelque chose de
                                    [*honteux ou de fâcheux,*
Que ce soit pour elle comme non avenu, il ne faut pas s'en
                                    [*inquiéter* (en douter);
Il peut se fier à elles sur ce point aussi sûrement
Qu'il pourrait *aller avec des échasses sur un clocher.*

Si elle savait sur le compte d'autrui quelque chose de honteux
                                    [*ou de blâmable,*
Sachez en vérité que *pour rien au monde elle n'aurait l'air de*
                                    [*s'en douter,*
Car elle le cacherait et refuserait de l'avouer, aussi volontiers
Qu'un coq irait pêcher un rousseau dans un vivier.

La femme est en loyauté et en douceur souveraine :
Car elle amène à une sainte fin tous ceux qui la croient,
Et jamais *elle ne dirait rien dont un autre pût être peiné,*
Pour autant d'or fin qu'il y a de queue dans une raine.

il y a choix ou alternative. La proposition dubitative se trouve ainsi assimilée pour la syntaxe à la proposition négative, ce qui arrive assez souvent en latin, mais en sens inverse. Ex. : ...nec rempublicam unquam violavit aut vexavit (*aut* pour *nec*). *(Cicéron).* Quelquefois même *ne* s'emploie dans des propositions affirmatives, mais qui présentent quelque chose d'indéterminé ou de général. Cf. A. XXX. a.

Quiconques voit en femé joliveté ne fieste.

XXI. 3. — *Voir* = *vrai,* de *verus.* Ne pas confondre avec *voir,* en vieux français *veoir* (dissyllabe).

XXI. 4. — *Rocel* = *rousseau,* ou *tourteau,* crabe très-bon à manger appelé aussi *poupart*; ou peut-être aussi = *roussie* (raie bouclée qu'on appelle à Rouen *ruchon.* Mais *rousseau* convient mieux pour la forme.

XXII. 1. *Sovraine.* Cette forme alterne avec la forme *souveraine.* Cf. l'italien *sovrano,* du bas-latin *superanus,* dérivé de *super.*

XXII. 4. — On voit que les plaisanteries sur la queue de la grenouille ne sont pas nouvelles. *Raine* vient régulièrement de *rana.* L'orthographe picarde est ici plus exacte que l'orthographe française actuelle dans *reinette.* Le français *grenouille* (de *ranuncula*), d'abord sous la forme *renouille* (Marie de Compiègne a *reinoilles,* dans ses fables), puis, au XVe siècle, sous la forme actuelle *grenouille.* par la prosthèse du *g,* semble avoir été plus répandu que *raine,* spécial au picard et peut-être au normand. Ainsi, Marot dit quelque part :

Rane est latin; escry donc autrefois.
Rayne en picard ou grenouille en françois.

XXIII. Molt est feme cortoise et done boins consaus ;
Pour *pianche* celer ne set nule ame teus ;
Et a tort et a droit est a tos homes seus
C'a tant de loiauté hon pius ne kiens ne lex.

XXIV. Feme est blance devant et deriere si point ;
Par ses blances paroles l'ome alouage et oint,
Qui le croit fait savoir. . . . .
. . . . si que kien fait a l'oint.

XXIII. a. — *Consaus*. Il faudrait peut-être corriger *conseus*, à cause de la rime. *Conseus* et *conseuls* sont assez fréquents au XIIIe siècle.

La forme *boins* est rare. Cependant, au XIIe siècle, Auboins de Sezanne, *Romancero*, p. 127 :

On ne connoit boin service,
Tant qu'on ait autre esprouvé.

C'est le seul exemple que donne M. Littré (Dict. s. v. *bon*). On ne peut lire autre chose, le ms portant *bois* avec un trait au-dessus de l'*i*. L'*i* est peut-être aussi corrigé et annulé par le signe abréviatif de l'*n* (Cf. la note suivante).

XXIII. b. — *Pianche*. Le scribe a mis réellement *piuanche* ; l'*i* étant au-dessus de l'*u*, peut être regardé comme une lettre de correction qui l'annule. *Pianche*, picard pour *piance*, est un mot assez rare qui suppose le bas-latin *piantia* (de *piare*), au sens de *qui a besoin d'une expiation, faute*, et non *d'expiation*.

XXIII. c. — *Seus*. La mesure du vers est exacte, et demande un monosyllabe. Du reste, on en rencontre des exemples assez nombreux (Cf. Beaumanoir, *passim*). Le ms C (VIII. 2.) donne *sceuz* en deux syllabes.

XXIII. d. — La forme *hon* est à remarquer. Ce vers offre une forte inversion du sujet. Peut-être au lieu de *hon pius*, faut-il lire *hocpix* ; mais le ms porte bien *hon pius*.

Lex, pour *leus*, altère la rime. Ce n'est peut-être qu'une variante orthographique, qui ne change pas la prononciation. A rapprocher les rimes du couplet II.

XXIV. b. — *Alouage*. Lisez : *alouange*. Le scribe a omis le signe abréviatif de l'*n*. L'adjonction du préfixe *a* au verbe *louanger* ne fait pas difficulté ; beaucoup de verbes en vieux français l'emploient joint au verbe simple, sans que la signification en soit sensiblement changée.

XXIV. c (d.). — Le dernier vers manque, ou plutôt c'est le deuxième hémistiche du troisième, et le premier du quatrième ; car la comparaison satirique qui termine ordinairement les couplets se trouve dans le ms, à la fin du couplet, et après le premier hémistiche du troisième vers, il y a un

La femme est très courtoise, et elle donne de bons conseils ;
Aucune âme (personne) ne connaît de pareils moyens pour cacher
[*sa faute ;*
Et à tort ou à raison il est su (cru)* de tout le monde*
Que ni un homme pieux, ni un chien, ni un loup n'a autant de
[*de loyauté qu'elle.*

La femme est blanche devant, et pourtant par derrière elle pique:
Par ses flatteuses paroles elle loue et caresse l'homme.
Celui qui la croit agit sagement . . . .
. . . . . comme le chien devant un morceau de viande grasse.

signe qui ressemble à deux points, et qui est sans doute un renvoi, qu'on a oublié d'expliquer en marge. Le vers est ainsi disposé :

Qui le croit fait savoir : si que klen fait a l'oint.

Ce vers est du reste obscur : les parties de vers qui manquent l'auraient sans doute éclairci.

XXIV. 1. — *Blance* (de l'ancien haut-allem. *blanch* = blanc), ici pris au figuré. Cf. Roman du Renard (XIIIᵉ siècle). V. 16281, apud Littré.

Il m'avoit pris a menacier
Et je le soi si enlacier
De blanches paroles et pestre,
Que j'en ai esté a bon mestre.

XXIV. 2. — *Oint*, de *oindre* = flatter, caresser de la main, au figuré aussi bien qu'au propre. La même idée, exprimée dans les mêmes termes, se rencontre souvent au moyen-âge. Cf. Roman de la Rose, v. 3507, ap. Littré.

Amors si se change sovent ;
Il oint une hore, et autre point.

Et v. 1045 :

Tout le monde par parole oignent,
Mes lor losenges (louanges) *les gens poignent*
Par derriere jusques as os.

Encore au XVIᵉ siècle, Palsgrave :

Car qui sçait par devant oindre
Sçait aussi par derrière poindre.

XXIV. 3. — *Fait savoir*, expression remarquable qui semble signifier *agit comme quelqu'un qui sait, agit prudemment, sagement.*

XXIV. 4. — *Oint* = oing, axonge, c'est-à-dire la graisse la plus molle des animaux ; se dit surtout de la graisse de porc fondu. Si l'on prend cet hémistiche comme la fin du quatrième vers, et si on lui donne un sens satirique, il faut traduire par *un morceau de viande grasse.* Si on le prenait au sens propre, sans intention satirique, ce qui me semble contre l'esprit du poème, il faudrait peut-être traduire : *comme le chien devant une boulette empoisonnée enduite de graisse.* Mais l'autre explication me semble plus naturelle.

XXV. Feme est uns anemis qui fait en petit d'eure ;
Sont trestous uns païs une comte pleure ;
(Lisez : *Sont trestous uns païs come une cantepleure :*)
Venim a ens el cuer, miel mostre par deseure :
Ne li aït ja Diex, au besoins, ne sekeure.

XXVI. Feme est come goupille preste adies a dechoivre ;
Autretant puet de cols come une ourse rechoivre ;
De la mort Jhesu Crist chiax qui l'aiment desoivre ;
Del dyable est plus tant pire, com est venins de poivre.

VXVII. En quelconques maniere que feme s'aparelle,
Le doit on honorer, ce n'est mie merveille :
Car en feme ne sai nule cose paraille ;
A bien faire se doit, et au mal ovrer velle.

XXV. 1. — *En petit d'eure* = en peu d'heures.
Cf. *Fableau d'Estula* :

En petit d'eure Diex labeure,
Tels rit au main qui au soir pleure ;
Et tels est au soir corouciez,
Qui au main est joianz et liez.

XXV. b. — Le ms porte : *une comte pleure*, avec le signe abréviatif de *com* sur la syllabe *com*, signe qui doit évidemment, d'après le sens et la mesure du vers, être reporté avant le mot *une*. La syllabe *te* porte d'ailleurs une lettre de correction *e*, ou *i*, qui semble mise uniquement pour confirmer l'*e* déjà écrit dans le corps du mot.

L'exemple suivant tiré de *Berthe aus granz pies* (XIIIe siècle), montre bien qu'il faut lire *cantepleure*, ou à la rigueur *comtepleure*, et le prendre dans son sens étymologique (*chantepleure*).

Je puis avoir nom Chantepleure,
Qui de deuil chante et de tristor.

XXV. d. — *Au besoins*. Il faut évidemment lire *aus besoins*, ou *au besoin*, la règle de l's étant très-exactement observée dans ce ms, dans la plupart des cas (Cf. cependant A. XXVII. a.).

XXVI. — Le ms met *dechoivre* au premier vers, et *desoivre* au troisième, ce qui semblerait prouver que le scribe n'était pas picard. Mais c'est ici un cas à peu près isolé. (Cf. cependant XX. d.)

XXVI. d. — M. Jubinal imprime *pir*, qui n'est pas dans le ms, et qui d'ailleurs est une faute.

XXVI. 1. — *Goupille*, de *vulpecula*, par le changement ordinaire de *v* en *g* (Cf. *vastare* = *gâter*).

Dans la fable *du Corbeau et du Renard*, citée au commencement de ce travail, on trouve les formes *vorpilx*, *gorpix*, et *houpix* (qui est probablement une mauvaise lecture de *hourpix*). (Je prends, sans le garantir, le texte

La femme est un ennemi qui fait son affaire *en peu de temps;*
Dans *tous les pays, elles sont comme une chantepleure;*
Elle a du venin dans le cœur, et montre du miel à la surface :
Puisse Dieu ne jamais lui aider, ni la secourir dans le besoin!

La femme est comme le renard toujours prête à tromper;
Elle peut autant recevoir le collier (supporter le joug) que le
[*pourrait une ourse;*
Elle peut priver ceux qui l'aiment du fruit de la mort de Jésus-
[*Christ;*
Elle est pire que le diable, autant que le venin de pieuvre.

De quelque manière qu'une femme s'arrange (agisse),
On doit l'honorer; il n'y a à cela rien d'étonnant :
Car je ne sais rien qui soit logique dans la femme :
Elle se doit tout entière au bien, et elle ne songe qu'au mal (à mal
[*faire).*

de Roquefort, qui peut fort bien avoir emprunté ces diverses formes à différents ms). Le mot moderne *renard* nous est venu du fameux *Roman du Renart*. C'est le nom propre donné dans ce poème allégorique à l'animal qu'on nommait *goupille*. *Renart* est le même mot que le nom propre *Raynol* (forme provençale), et que *Reginald*, forme plus ancienne = *Reginaldus*, Il vient du germanique et signifie *bon au conseil*.

XXVI. 2. — *Cols* (régime pluriel, par assimilation des noms neutres aux noms masculins en *us*) =*colliers*. Je n'ai point rencontré d'exemple de cette acception; mais il est bien difficile, je crois, d'en donner un autre ici.

XXVI. 1. 2. 3 — *Dechoivre, Rechoivre*, formes picardes régulièrement tirées de *decipere, recipere*, en observant l'accent latin, tandis que *decevoir recevoir*, sont tirés de *decipére, recipére*, avec déplacement fautif de l'accent.

XXVI. 4. — *Del dyable* = que le diable (Cf. XVII. a., note). Il y a du reste ici une double tournure : *tant... com*, et *plus... (que)*. Notez aussi *pire*, pris au sens positif de *méchant*. C'est peut-être l'explication de la locution populaire : *plus pire.*
Poivre = pieuvre, du latin *polypus*, dont le provençal a tiré *poulpe*. *Poly* a donné *pieu*, comme *palus* a donné *pieu*; et l'*r* est épenthétique, comme dans *esclandre*, de *scandalum*. Cette forme *poivre* est plus régulière, à notre avis, que la forme *pieuvre*. (Cf. Littré. *Dict.* s. v. *pieuvre*).
On sait que la légende attribue à la pieuvre la propriété de lancer du venin à ses ennemis. Si l'on avait des scrupules sur cette étymologie, et si l'on voulait chercher un autre sens à ce mot, on pourrait le prendre pour une altération de *poipre*, qui signifie *pourpre*, maladie fébrile accompagnée de taches rouges à la peau. Le sens et la forme conviendraient assez. Mais la première interprétation nous semble préférable.

XXVII. a. — *En quelconques maniere* (Cf. XXV. d.). Il y a encore ici,

XXVIII. Feme ensaigne tot dis et norist et adrece ;
Par li va on a Diu (car chou est li adrece,)
Ensi com longement poissons en sequereche
Puet vivre sans iave, li envoit Dex leece !

XXIX. Molt a de bien en feme , de preu et d'onesté ;
Sages sont et entieres et plaines de bonté.
Com (*lisez* L'on) peut tout ausi bien tenir lor amisté,
Com on porroit garder un glachon en esté.

XXX. Quiconques voit en feme joliveté ne fieste,
Bien peut estre asseür, c'est signal de tempeste :
N'a en li de seurté, ne qu'il a en la bieste
Qui point devers la keue et blandist de la teste.

une faute contre la règle de l'*s*, ou plutôt une faute d'accord. Il faudrait : *En quelconques manieres*, ou plutôt : *En quelconque maniere*.

N. B. — Il faut noter, dans les rimes de ce couplet, l'orthographe irrégulière *paraille*, à côté de *aparelle* (et accessoirement *mervelle* et *velle*). Cela semble indiquer que les deux *l* mouillées ne s'écrivaient pas toujours avec un *i* ; la prononciation ne changeait pas, quelle que fût l'orthographe (Cf. A. XXXII.).

XXVII. 4. — *Au mal ovrer*, c'est-à-dire *au mal faire*. L'ancienne langue avait, bien plus que le français moderne, une tendance à prendre comme substantifs neutres les infinitifs précédés de l'article, ou même de l'article et d'un adverbe qualicatif. Plusieurs de ces expressions sont à regretter, celle-ci par exemple.

XXVIII. c. — *Sequereche*. — Cette forme picarde rimant avec les formes françaises *adrece* et *leece*, confirme notre supposition d'un scribe de l'Ile-de-France copiant un texte picard.

XXVIII. 1. — *Adrecer* = redresser. Encore aujourd'hui la plupart des patois du Midi ont le verbe *adrechà*.

XXVIII. 4. — *Iave*, forme picarde, qui a donné naissance au mot moderne *eau*, en se transformant d'abord en *eave*, puis en vocalisant l'*u*. Les autres formes plus régulières, *ewe*, *eve*, sont restées dans les patois.

Leece (*leesce*, *liesce*) = *liesse*, du latin *lœtitia*.

XXIX. a. — C : *S'a* (lisez *si a*) *mult biens en femme, d'onneur*[*] *et d'onnesté*.

D : Mult a de bien en feme, de proufit, d'onestié[**].

XXIX. b. — Au lieu de *entières*, C donne *honnestes*, qui constitue une répétition, et D *secrées* = secrètes, gardant bien un secret.

[*] M. Jubinal, qui n'a lu ce couplet que dans C, puisqu'il le donne comme spécial à ce ms, imprime souvent au lieu de d'onneur.
[**] D donne les quatre rimes en ié au lieu de é.

La femme enseigne à l'homme *toute* espèce de *discours, elle*
  [*l'entretient et le redresse ;*
Par elle on va à Dieu (car voilà où se montre l'adresse),
Aussi sûrement qu'un poisson peut vivre longtemps au sec sans
  [*eau.*
Que Dieu lui envoie liesse ! (Que Dieu la tienne en joie !)

Il y a dans la femme beaucoup de qualités, de choses profitables
  [*(ou de sagesse) et d'honnêteté ;*
Elles sont sages et intègres, et pleines de bonté.
L'on peut tout aussi bien garder leur amitié
Qu'on pourrait garder un glaçon en été.

Quiconque voit dans la femme un air joyeux, un air de fête,
***Peut** être bien sûr que c'est le signal de la tempête.*
Il n'y a pas en elle plus de sûreté qu'il n'y en a dans la bête,
Qui pique de la queue, et caresse de la tête.

XXIX. c. — *Com*, au commencement du vers, est un bourdon amené par le vers suivant ; il faut le remplacer par *L'on*, d'après la leçon du manuscrit

C :   *On puet tout aussi bien garder leur amitié.*
D donne :   *Car on puet aussi bien gardier leur amitié.*

XXIX. 1. — *Preu.* Si ce mot est ici adjectif, il est mis évidemment pour le substantif *proece = prouesse, action de preux*, et ici en particulier, *qualité de celui qui est preux*. Je ne connais pas d'autre exemple de l'emploi de *preu*, pris substantivement dans ce sens. Peut-être faut-il tout simplement le prendre au sens de *profit*. Ce serait alors une forme picarde de *prou*, comme au couplet IX.

XXX. — C :   *Se vous veez a femme mener joyeuse feste,*
          Soiez aussi seur contre toute tempeste,
          Com un qui couchiez iert (sera) *par dessous lez* (près de) *la*
  [*beste*
          Qui point devers la queue et blandist comme beste.

Ce dernier vers nous présente un bourdon facile à corriger, en mettant *teste*, au lieu de *beste*. C'est ce qu'a fait M. Jubinal, qui n'a pas lu le ms A, puisqu'il donne ce couplet comme particulier à C. Le sens de *comme* reste difficile à expliquer. Faut-il l'entendre au sens de *du côté de, quant à*? En tout cas, la leçon de A est plus simple et préférable.

XXX. 3. — *Ne qu'il a* = pas plus qu'il n'[y en]a. Tournure très-concise, et cependant très-claire ; elle est, je crois, à regretter. Cf, C II. c.

Il a. La tournure actuelle *il y a*, quoique beaucoup moins usitée que *il a*, dans l'ancienne langue, se rencontre cependant quelquefois dès le XIIIe siècle. La forme archaïque *il a*, sans l'adverbe *y*, s'est conservée dans le style marotique. Exemple : *N'a pas longtemps* (Racine, *Épigrammes*). La bête dont il s'agit est probablement fabuleuse.

XXXI. Ils sont aucunes gent qui s'en plaignent à tort ;
   Mais par Diu il me samble que il ont trop grant tort :
   Car on y treuve autant d'aïde et de confort,
   Que on fait el serpent qui en traïson mort.

XXXII. S'on a fiance en feme, ce n'est une mervelle,
   De grant loiauté sont, nul ne set sa parelle.
   Ausi coye se taist de ce qu'on lui conselle,
   Com cil qui va trucant le ven et la corbelle.

XXXIII. Par vérité vous di que nus hom ne s'avanche
   De maise feme anter, ne de lor acointance :
   Car le fin en a on grant honte et mesquiance.
   Jamais ne SOIENT AMÉES, ains lor renoi creance.

   Chi define* li euvangilles des femes.

XXXI. — Voici le texte que donne D, et qui semble préférable sur plusieurs points :

   Il sont aucune gens qui s'en pleignent si fort ;
   Mais il me semble bien qu'il ont de ce grand tort :
   Car l'en y treuve autant de bien et de confort
   Com on fait on serpent qui en traïson mort.

XXXII. c. — C donne : ET *aussi coye se taist*, faisant à tort *coye* monosyllabe (Pour les rimes, V. XXVII, note.)

XXXII. — C donne :

   Qui a fiance en femme, ce n'est mie merveille :
   Car en bien faire et dire chascune s'appareille,
   Et aussi coye se taist de ce qu'on lui conseille,
   Com cil qui va tirant le ven et la corbeille.

Et D : *Se l'en se fie en femme, ce n'est une merveille,*
   Quant est de loiauté (en ce qui regarde la l.) *n'est-il*
   [*chose pareille,*
   Et si cele aussi bien ce que l'en li conseille,
   Com cilz qui va criant le van et la courbeille.

La variante *tirant*, du ms C, semble moins bonne que *trucant*, qui indique bien le mouvement particulier du van.

La variante *criant*, du ms D, semble une correction du scribe, qui a cru devoir mettre un mot se rapportant à *celer* ; mais l'expression *crier le van et la corbeille* n'est guère intelligible, à moins qu'on ne suppose qu'en vannant on chante pour accompagner le mouvement.

XXXII. 4. — *Trucant*, de *truquer*, vieux mot qui s'est conservé dans les patois du Midi, avec le sens restreint de *heurter du front ou des cornes*

---

* DEFINE. de DEFINER = finir, mourir, au sens neutre. A remarquer le changement de conjugaison des verbes FINER (bas-latin finare), et définer (Cf. le verbe moderne CONFINER). Finer est formé directement de FINIS. Pour ne pas avoir deux i de suite, l'ancienne langue avait parallèlement FENIR (du reste assez rare), et FINER.

Il y a des gens qui s'en plaignent à tort ;
Mais par Dieu, il me semble qu'ils ont bien tort :
Car on trouve en elle autant d'aide et de soulagement
Qu'on en trouve dans le serpent qui mord traîtreusement.

Si l'on a confiance en la femme, ce n'est pas étonnant :
Elles ont une grande loyauté ; nul ne connaît rien de pareil
[à elles.
Elles se tiennent aussi tranquilles, quand on leur confie quelque
[chose,
Que celui qui va secouant le van et la corbeille.

En vérité je vous le dis, que nul homme ne se permette (n'ose)
De hanter une mauvaise femme, ni d'avoir accointance avec
[elle ;
Car à la fin on en retire grande honte et malheur ;
Que jamais elles ne soient aimées de toi ; au contraire, refuse-
[leur toute confiance.

Ici finit l'évangile des femmes.

en parlant des animaux, et quelquefois aussi avec le sens général de *heur-(ter)*. *Truquer* vient de *truc, trut*, qui, dans le vieux français, signifie *choc*, et vient du germanique *druck, drucken (presser)*. Le mot français *truc* en dérive en passant par le sens intermédiaire de *espèce de billard d'une forme allongée* (V. Littré. Dict. s. v. *truc*).

XXXIII. d. — *Ne soient amees*. Le vers me semble acceptable, et les abréviations de ces deux mots ne laissent guère lire autre chose.

XXXIII. 2. — *Maise*, féminin de *mais* (mes, mau), particule péjorative employée ici comme adjectif, au sens de *méchant*.

Acointance, joli mot qu'on n'aurait pas dû laisser vieillir : de *acointer*, qui vient du préfixe *a* et d'un radical roman *conte* (Cf. ital. *conto = ami*), tiré du latin *cognitus* (connu).

XXXIII. 3. — *Le fin*. — *Le,* article féminin en picard, semblable au masculin. Fallot (*Recherches sur les formes grammaticales de la langue française* au XIIIe siècle) dit qu'il n'y avait en picard qu'une seule forme d'article pour les deux genres, et que c'était la forme du masculin en français. Notre ms A confirme, comme on voit, la règle.

XXXIII. 3. — *Mesquiance*, forme picarde du mot *meschéance, meschance* = bas-latin *malecadentia*. *Meschéant* ou *meschant*, participe présent de *meschéoir* (male-cadere), avait le sens de *malheureux* (qui n'a pas de chance), avant d'avoir celui de méchant, qui est postérieur au XIIIe siècle.

XXXIII. 4. — *Renoi*, impératif, 2e pers. du sing. du verbe *renoier (reneier)* = renier, refuser, du latin *renegare*.

NOTICE DU MANUSCRIT B

Le ms B (n° 837 B. N.) ne comprend que 18 couplets. Les 14 premiers lui sont communs avec le ms A, sauf quelques variantes que nous avons signalées. Sur ces 14 couplets, les 10 premiers sont disposés dans le même ordre dans les deux manuscrits ; le 11e de B correspond au 12e de A, le 12e de B au 15e de A ; le 13e et le 14e, au 14e et au 17e de A. Les couplets 16, 17 et 18, lui sont communs avec C. Quant au 15e, il est le seul qui soit spécial à B, et il en fait l'originalité : Nous le marquons d'un astérisque. Notons que les 4 couplets qu'il présente en dehors de A n'ont pas la comparaison satirique du 4e vers.

Quoique le ms B ne renferme aucun des 11 couplets spéciaux au ms A. et qui sont si intéressants dans l'ensemble, on ne peut nier qu'il ait avec A des rapports de parenté ; mais ils offrent cette différence remarquable, que A est franchement picard, tandis que B ne l'est à peu près pas du tout, et accuse un scribe parisien assez fidèle à l'orthographe et à la prononciation de l'Ile-de-France, mais cependant transcrivant un texte picard. A son tour, le ms B offre des traits frappants de ressemblance avec le ms C. qui est cependant postérieur d'un siècle environ, et qui se présente beaucoup plus complet, avec des parties qui lui appartiennent en propre, et de plus, avec le couplet qui porte la signature de Jehan Durpain, et qui termine également les mss B et C.

Le ms B doit être considéré comme appartenant à la deuxième partie du XIVe siècle. La rédaction qu'il nous donne paraît à peu près de même date que celle du ms D, et dans plusieurs couplets elle est exactement semblable. Mais, en somme, il est bien difficile d'établir entre ces quatre mss, renfermant des matériaux si incomplets et si divers, une classification rigoureuse. Ce n'est du reste pas notre tâche. Nous avons voulu mettre au jour les mss avec les leçons qu'ils présentaient, nous permettant seulement de proposer quelques corrections qui nous paraissaient probables. De plus habiles pourront sans doute avec ces matériaux, scrupuleusement fournis à la critique dans leur intégrité, dégager le véritable texte, et établir la filiation des mss.

(Pour les 14 premiers couplets, voir les variantes mises au bas du texte du ms A.)

*XV. Couvens de Cantimpré, je di bien et tesmoingne :
Pesiblement vivez ; n'est mestier c'on vous poingne :
Mestre Ysabiaus i est, quanques puet du nez froingne,
Dont n'i a si hardye qui forment nel resoingne.

*Couvent de Cantimpré, je dis bien et rends témoignage de ceci :
Vivez paisiblement : Il n'est pas besoin qu'on vous excite ;
Maître Isabeau est là : autant qu'elle peut, elle fronce le nez ;
De sorte qu'il n'y a femme si hardie qui ne la craigne fortement.*

XV. a. — M. Jubinal lit à tort *convers*, qui ne me paraît pas convenir au reste du couplet. D'ailleurs il y a bien *couvens*.

XV. 1. — *Couvens de Cantimpré*. — L'abbaye de Cantimpré ou Cantipré, de l'ordre de Saint-Augustin, fut fondée en 1180, sous le vocable de Notre-Dame, à 4 ou 5 lieues de Cambrai.

XV. 2. — *Mestier* = besoin, de *ministerium* = *service*, d'où par extension *nécessité*, *besoin*.

XV. 3. — *Mestre Ysabeau*. Ysabeau a-t-il jamais été un nom masculin, ce que semblerait indiquer le mot mestre ? ou bien faut-il corriger et lire *nostre* ? D'autre part, le féminin *hardye*, au quatrième vers, semble indiquer qu'il s'agit de femmes à commander. Faut-il croire que l'abbaye de Cantimpré renfermait des femmes, et qu'il s'agirait ici d'une abbesse acariâtre et justement redoutée ? Ce sont là tout autant de questions bien difficiles à trancher. Au fond, cela n'a qu'une importance secondaire pour le but que nous nous proposons.

Froingne, de *frongnier*, qu'on rencontre plusieurs fois dans Froissart : *Le cheval commença a hennir et a frongnier et a frapper du pied en terre*. Ce mot vient de l'ancien adjectif *frun* = froncé, tiré d'un radical germanique.

XV. 4 — *Forment*, forte syncope pour *fortement*.

Nel = ne le, le étaet d'ailleurs la forme picarde du féminin, semblable au masculin, comme nous l'avons constaté plusieurs fois dans le ms A.

Resoingnier = craindre (se préoccuper de quelqu'un ou de quelque chose). de *re* et *soin* (Cf. A. XX. 2. Note). Cf. ce passage d'Eustache Deschamps:

*Je ressoigne aler au moustier
Pour les lairons de Jhesus-Crit,
Truans, caymans, etc.*

XVI. Qui le sien met en fame bon loyer en aura :
De bras l'acolera, de bouche lui rira,
Courtoisement et bel tous ses bons lui dira,
Jusqu'a tant l'aiſ plumé : ainsi le honira.

— *Celui qui confie son bien à une femme en aura bon loyer :*
De ses bras, elle lui entourera le cou, de sa bouche, elle lui
[*sourira ;*
D'une façon courtoise et charmante, elle lui donnera tous les
[*noms d'amitié.*
Jusqu'à ce qu'elle l'ait plumé : alors elle le honnira.

XVII. Mult fait fame a amer son sens et sa mesure,
Mult est bonne a garder s'amour tant com el dure,
Fame, quant el fait bien, c'est raison et droiture,
Et s'elle est pute et fole, ce n'est que sa nature.

— *Le bon sens et la modération de la femme contribuent beau-*
[*coup à la faire aimer ;*
Son amour est bon à garder, tant qu'il dure ;
Quand la femme fait bien, c'est grâce à sa *raison et* à sa *droiture,*
Et si elle est mauvaise et folle, c'est la faute de la nature.

XVI. 2. — *Acoler* = mettre ses bras autour du cou de quelqu'un (d'où *accolade*) ; mot à regretter.

XVI. 3. — *Bel*, emploi remarquable de l'adjectif masculin, comme adverbe.

XVI. 4. — *Jusqu'a tant que* a été employé par Bossuet. Cette locution existe encore dans les patois du Midi. Ici il y a ellipse de *que*.

XVII. c. — C : *ce est reson et droiture. Ce est* au lieu de *c'est*, fait le vers faux.

XVII. 4. — *Pute*, féminin de l'adjectif *put* (latin *putidus*), qui signifiait originairement *mauvais*, comme le prouve l'opposition des deux expressions composés *de bon aire* (qui a fait *débonnaire*), et *de put aire*, qui s'est perdu. Disons en passant que *aire* signifie ici extraction, naissance, sens qui dérive du sens propre de *place, aire* (*area*) ; le sens de (*homme*) *de bon caractère* a fini par remplacer celui de (*homme*) *de bonne naissance*.

Il ne faut pas confondre *put, pute* (adjectif), avec le substantif *pute*, qui signifiait à l'origine *jeune fille*, jeune servante (du latin *puta*, jeune fille, *putus*, jeune garçon), et qui a eu une si fâcheuse destinée. Cf. *prude* (fém. de *preud* = sage et honnête), et les mots *valet, écuyer*, etc.

XVIII. Ces vers Jehan Durpain, uns moines de Vauceles,
At fet mult soutilment, les rimes en sont beles :
Priez pour lui, beguines, vielles et jovenceles,
Que par vous sera s'ame portée en deux fisseles.

— *Ces vers Jean Durpain, moine de Vaucelles,*
Les a faits très-habilement; les rimes en sont belles.
Priez pour lui, béguines vieilles et jeunes,
Afin que son âme soit, grâce à vous, portée au ciel entre deux
[*faisselles (moules à fromage).*

XVIII. a. — C : *un moyne.*
XVIII. b. — C : *a fait soutillement.*
XVIII. c. d. — C : *Femmes, priez pour lui, dames et demoiselles,*
Quar par vous sera s'ame mise entre deux foisselles.

XVIII. 2. — *Jehan Durpain.* Voir la discussion à la suite du texte.
Vaucelles, célèbre abbaye de l'ordre de Citeaux, à 8 kilomètres de Cambrai, fondée par saint Bernard en 1132.

XVIII. 3. — *Beguines.* Aux Pays-Bas, c'étaient des religieuses qui, sans être engagées par des vœux perpétuels, menaient une vie fort régulière dans de petites maisons voisines les unes des autres, mais dont les jardins étaient séparés par des murs, avec une église commune. Il y a eu en France aussi des *béguinages* (V. Joinville). — Ce mot doit peut-être ici être pris au sens général de *dévotes*.

XVIII. 4. — Que == de sorte que, de façon à ce que (*ità ut*). L'emploi de la conjonction *que* est très-considérable dans l'ancienne langue. Elle a tous les sens de *quod* (conjonction latine), et bien d'autres encore, comme ici, par exemple, où elle semble indiquer le but.
Fisseles (foisselles), paniers de jonc, qui servent à faire égoutter les fromages frais ; du latin *fiscella*, m.s. Encore aujourd'hui ce mot existe dans certaines provinces, et dans le Rouergue, en particulier, le mot *faissèlo* désigne un moule à fromage en terre cuite, percé de trous au fond et sur les côtés, pour faire écouler le petit-lait.
Il n'est pas besoin de faire ressortir la bouffonnerie de l'expression, appliquée à l'âme de Jehan Durpain.

NOTICE DU MANUSCRIT C.

Le manuscrit C (aujourd'hui n° 1593, fonds français, autrefois n° 7615), de la Bibliothèque nationale, est le plus récent des quatre, comme il est facile de s'en convaincre par l'examen des formes et de l'orthographe qui sont souvent toutes modernes. Il a longtemps appartenu au premier président de la Chambre des monnaies, historiographe de France sous Henri IV, Claude Fauchet, qui dans son ouvrage intitulé : *Recueil de l'origine de la langue et poésie françaises* (1), en a largement usé. L'évangile aux femmes s'y trouve placé immédiatement après les fables de Marie de Compiègne, que Fauchet appelle Marie de France (2). Ce manuscrit ne peut remonter au-delà du XV° siècle, et encore je le placerais plus volontiers vers le milieu qu'au commencement, non pas à cause du style qui, quoique rajeuni en plus d'un endroit, laisse voir cependant la trace d'une composition plus ancienne, écrite en dialecte picard, mais à cause de l'orthographe qui est souvent celle de la fin du XV° siècle, à moins que les exigences de la rime ne forcent le scribe à faire de l'archaïsme malgré lui. Encore quelquefois est-il entraîné par l'habitude, et fait-il violence au vers, sous le rapport du nombre des syllabes. Le ms C contient 32 couplets, dont 8 ne se retrouvent ni dans le ms A, ni dans le ms B, ni dans le ms D ; nous les marquons d'un astérisque. Les trois derniers couplets lui sont communs avec le ms B, qui les présente aussi à la fin et dans le même ordre (3). Il est à remar-

(1) Recueil de l'origine de la langue et poésie françoises, ryme et romans, plus les noms et sommaires des 127 poètes françois vivant avant l'an 1300. — Paris, chez *Robert Estienne*, 1581.
(2) On pourrait peut-être en tirer un argument en faveur de notre thèse ; mais nous n'insistons pas.
(3) Voir le tableau de concordance, page 59.

quer que ces deux mss sont les seuls qui donnent le couplet (le dernier) qui attribue l'Evangile aux femmes à *Jehan Durpain*, et que les trois couplets qui terminent le ms B, viennent après le curieux couplet spécial à B, et qui ne rentre pas dans le plan général de l'œuvre, non plus que les trois couplets qui suivent et qui sont communs à B et à C, à l'exclusion des autres mss. Certains détails font supposer que C dérive de D (V. C. XX. b. Note).

    1. L'euvangille des femmes vous weil cy recorder;
      Moult grand prouffit y a qui le veult escouter.
      Cent jours de hors pardon s'y porroit conquester;
      Marie de Compiegne le conquist oultre mer.

Je veux ici vous rappeler (vous raconter) l'Évangile des femmes;
Il y a grand profit, celui qui veut l'écouter.
On pourrait y gagner cent jours de mauvais pardon (d'indul-
                                                            [gence);*
Marie de Compiègne le trouva outre-mer.

    I. — M. Hertz (Traduction allemande des Lais de Marie de France. Préface) cite ce couplet de l'Évangile aux femmes, d'après l'Histoire littéraire de a France. tome XIX, p. 793 ; au premier vers, il met : *jeo weil vous recorder* ; et au quatrième : *cent jours dehors pardon*, avec *dehors* écrit en un seul mot. Je n'ai pu vérifier si c'était ainsi dans l'Histoire littéraire. Y a-t-il là trace d'un autre ms? C'est peu probable. Car il s'agit, je crois, ici, du ms du président Fauchet (ms C). Quoi qu'il en soit, M. Hertz croit que le mot *dehors* indique qu'il s'agit d'indulgences gagnées outre-mer, et bien loin, c'est-à-dire en Palestine, et que, par conséquent, il s'agit, non de Marie de France, mais d'une Marie de Compiègne, auteur inconnu de fables, qui aurait parlé d'une poule et d'un renard. Nous réfuterons cette assertion toute de fantaisie à la fin de ce travail.

A ce même vers, le ms D donne : *Cent jours de* VRAY *pardon y puet l'en conquester.* Le mot *vray* offre un sens plus clair que l'adjectif *hors*, et que l'adverbe *dehors*, qui me semble être exclu par la leçon de D.

Les deux premiers vers sont, dans D :

      L'evangile des femes vous weil ci raconter ;
      Mult grant proufit* en vient qui le vuelt escouter

et n'offrent que des variantes peu importantes.

    I. a. — *Weil*. M. Guignard lit aussi *weil*. M. Gaston Paris (*Notice du ms de la Bibliothèque de Dijon, n° 298*, dans le Bulletin de la Société des

* M. G. Paris lit PROFIT.

II. L'euvangille des femmes si est et bonne et digne ;
Femme ne pense mal, ne nonne, ne beguine,
Ne que fait le renart qui happe la geline,
Si com le raconte Marie de Compiegne.

L'évangile des femmes est assurément bon et digne,
La femme ne pense pas à mal, qu'elle soit nonne ou béguine,
Pas plus que ne fait le renard qui happe la geline,
Comme le raconte Marie de Compiègne.

III. Voir le texte du ms A, couplet I.

IV.   —   —   couplet II.

V.   —   —   couplet III.

anciens textes français, n°s 3 et 4) écrit *voeil*. Ne faudrait-il pas lire plutôt *vueil* ? Cf. Bulletin, etc., n°s 3 et 4, p. 57, Note, où se trouve cette orthographe, pour un texte du ms fr. 981 f. 41. c.

I. c. — A notre sens, il faut écrire, ou bien : *de hord pardon*, ou plutôt *de hors pardons*, pour la régularité grammaticale, souvent violée du reste dans ce ms. Peut-être *hors* est-il une erreur du scribe pour *fors*, au sens de *bon, vrai*. Cf. le ms D.

I. 1. — *Weil*. C'est un des rares mots où le scribe du ms C a conservé la vieille orthographe. Le plus souvent, il emploie les formes et l'orthographe de son temps, comme il est facile de le voir en comparant ce texte à celui de A.

I. 3. — *Hors*, adjectif (de *horridus*), régime pluriel — fait *hord* au régime singulier et au sujet pluriel. Il signifie *laid, sale, mauvais*. Ici il est purement satirique (Voir la discussion qui suit le texte). *S'y porroit conquester*, est pris impersonnellement, et gouverne *cent jours* (au cas du régime pluriel). *Conquester*, dérivé de *conquest*, fém. *conqueste*, qui tous deux ont été pris substantivement et sont restés français : du latin *conquisitus, conquisita*. Au vers suivant, *conquist* est le parfait du verbe *conquerre*, formé régulièrement de *conquirere* ; *conquist* = *conquisivit*.

II. — Le ms D change la place du quatrième vers, de cette manière :

La manière *des femes si est mult sainte et digne,*
Selonc** que raconte Marie de Compigne.
Feme ne pense mal, ne nonnain, ne beguine,
Ne que fait le renard, quant hape la geline.

II 3. — *Geline*, du lat. *gallina*. Cf. provençal et languedocien moderne *galina*.

** Le vers est faux ; il faut évidemment lire : SELON CE QUE.

*VI. Leur conseil est cortois et tant voir et tant fin,
  Que autant sont a croire comme sont Jacopin ;
  Conseilliez-vous a femme au soir et au matin,
  Si serez tot certains de faire male fin.

Leurs conseils sont courtois, et si vrais et si fins,
Qu'elles sont à croire autant que les Jacobins.
Conseillez-vous auprès d'une femme le soir et le matin ;
Ainsi vous serez complètement assuré de faire une mauvaise fin.

*VII. Femme convoite avoir, plus que miel ne fait ourse ;
  Tant vos amera femme com arez rien en bourse ;
  Et quant elle saura qu'elle sera excousse,
  Aussi la porrez prendre comme un lievre a la course.

La femme convoite le bien (l'argent), plus que l'ourse ne convoite
  [*le miel ;*
La femme vous aimera tant que vous aurez quelque chose dans
  [*la bourse,*
Et quand elle saura qu'elle est vide,
Vous pourrez la saisir aussi facilement qu'un lièvre à la course.

VIII. Voir le texte du ms A, c. VIII.

'IX. Se uns homs a a femme parlement ou raison,
  L'on ne doit ja cuider qu'il y ait se bien non ;
  De quanques elles dient bien croire les doit on,
  Tout aussi com le chat quant il monte on bacon.

VI. b. — M. Jubinal lit à tort : *Que autant font acroire comme font Jacopin.*

Il y a bien *sont* dans le ms, à cet endroit (Cf. A. III. b. Note).

VI. 2. — *Jacopin.* Il semble que ce couplet soit bien l'œuvre d'un moine malicieux et jaloux. Jehan Durpain, à qui appartient, comme nous le verrons plus loin, une des rédactions de l'Évangile aux femmes, était de l'ordre de Cîteaux, et moine de l'abbaye de Vaucelles, fondée par saint Bernard. Il est probable que son ordre vivait alors en mauvaise intelligence avec les disciples de saint Dominique.

VII. 3. — *Excousse*, du latin *excussus*, secoué, et par suite, dont on a fait tomber le contenu, jusqu'au dernier sou, en la secouant, vide. Expression pittoresque, et à regretter. Je ne sais si l'on en a relevé d'autres exemples dans ce sens.

IX. 1. *Avoir raison à quelqu'un* (en bas-latin, *arratiocinari aliquem*),

Si un homme a une conversation ou un entretien avec une
                                                    [*femme,*
On ne doit pas penser qu'il y ait là autre chose que du bien.
Quoi qu'elles disent, on doit bien les croire,
Autant qu'au chat (aux bonnes intentions du chat) quand il
                                                    [*monte au bacon.*

    X. Voir le texte du ms A, couplet XXX.

 *XI. Femme fait volentiers, ce semble, son povoir,
        Afin qu'on ne la puisse par engin decevoir ;
        Si a envis fait chose ou il n'ait grand savoir,
        Com renart prend geline, quant il la veult avoir.*

*La femme fait volentiers, ce semble, ce qu'elle peut
Afin qu'on ne puisse pas la tromper par ruse ;
Ainsi elle fait admirablement des choses où il ne faut pas grand*
                                                    [*savoir,*
Comme le renard prend une poule quand il en a envie.

  XII. Voir le texte du ms A, couplet IV.
 XIII. —   —   couplet XVI.
 XIV.   —   —   couplet V.
  XV.   —   —   couplet VI.
 XVI.   —   —   couplet VII.

arraisnier, arraisonner quelqu'un, signifiait *parler à quelqu'un pour essayer de le persuader, lui faire des remontrances.*

Ici l'expression analytique *avoir raison à*, semble avoir un sens très-rapproché de *converser avec*. Comparez l'expression moderne *avoir des raisons avec quelqu'un.*

IX. 2. — *Se bien non* = *sinon bien*. Ce n'est qu'au xve siècle qu'on commença à dire *sinon* ; auparavant on disait *se... non*, en séparant les deux mots par des mots intermédiaires. Cf. Boucherie *(Anthologie picarde,* dans la pièce intitulée : *Les souhaits du Laysan)* :

        *Et je souhaide santé entièrement;
        Si que jamais n'eûsse* SE BIEN NON.

IX. 4. — *Bacon,* pièce de lard salé qu'on suspend au plafond pour la faire sécher, ou sous le manteau de la cheminée pour la fumer; de l'ancien haut-all. *baco,* allem. moderne *bak.*

XI. 2. — *Engin,* de *ingenium,* au sens postérieur de ruse, habileté, d'où le verbe *engeignier, engignier* (tromper par ruse), qu'on trouve encore employé dans La Fontaine, avec le regret exprimé qu'un mot qui a tant de force ait vieilli.

XI. 3. — *A envis,* du latin *invitus.* La série des sens nous semble être celle-ci : *contre la volonté de quelqu'un, en rivalité avec, de façon à dépasser, d'une façon distinguée.*

XVII. Douce chose est de femme et en diz et en fais,
       Ne sont pas rioteuses, n'ont mie trop de plais ;
       Quant sont esmeües, on les mettrait en paix
       (Lisez : *Quant sont bien esmeües,* etc.)
       Aussi tost com li cinges feroit pour les mauvais.

C'est une douce chose que la femme, et dans ses paroles et dans
                                            [*ses actions.*
Elles ne sont pas querelleuses, elles n'ont pas trop de procès.
Quand elles sont en colère, on les calmerait
Aussi vite que le singe arriverait à calmer les méchants.

XVIII. Voir le texte du ms A, couplet XXIX.

*XIX. J'ay mult chieres les femmes pour les biens que j'y voy.
       Elles ont pour moy fait tant que louer m'en doy.
       De tout qu'elles me dient tout aussi bien les croy,
       Com celui qui cent foiz m'aurait menti sa foy.

Je chéris beaucoup les femmes pour les biens que je vois en elles ;
Elles ont tant fait pour moi que je dois bien *m'en louer.*
En tout ce qu'elles me disent, je les crois aussi bien
Que je croirais celui qui cent fois m'aurait manqué de foi.

XVII. a. — D : *Douce chose est que feme.*
XVII. b. — D : *Ne n'ont mie trop plaiz.*
XVII. c. d. — D : *Quant sont bien esmeües, si doucement font paiz,*
             Aussi comme le cinge foroit pour les mauvaiz.

Pour le troisième vers, la leçon de D rectifie celle de C, qui fait le vers faux. *Esmeû* a été de trois syllabes jusqu'au XIVe siècle.
Quant au quatrième, M. Jubinal a lu, je ne sais comment, *li juges*, par une confusion due sans doute à une lecture précipitée, à moins qu'il n'ait voulu faire une correction qui, je l'avoue, est assez séduisante. La leçon de D (*le cinge*, avec une faute contre la règle de l'*s*) confirme notre lecture. Je ne garantis pas la forme *foroit*, qui est peut-être une erreur de lecture, ou plutôt une faute du scribe.

XVII. 1. — Cf. A. XVII. a., et la note.

XVII. 2. — *Rioteuses. Rioteus, riotous* (querelleur), dérivé de *riot, riote* (tapage, dispute, combat, duel). Cf. anglais *riot*, italien *riotta*. Origine inconnue. Le mot *riotte* se trouve encore dans La Fontaine et dans Saint-Simon, pris au sens de *querelle*.

— *Plais*, et au régime singulier *plaid*, qui a donné le mot moderne, du bas-latin *placitum*, assemblée publique de seigneurs sous les rois des deux premières races, pour juger les procès, ainsi dite, parce que les édits qui la convoquaient portaient *quia tale est nostrum placitum* (car tel est notre bon plaisir), de *placere*. Plus tard *plaid* s'est dit d'une audience de tribunal, puis du plaidoyer et du procès lui-même.

XIX. c. — M. Jubinal lit à tort : *De tout que hom médient*, ce qui torture e sens et fait violence au manuscrit.

XX. Qui conseil veult avoir et seür et certain,
A femme le doit querre, ne l'aura pas en vain.
Leur conseil est tant doulz et au soir et au main,
Que ja homs n'iert honniz, se femme n'y met *la* main.

Celui qui veut recevoir un conseil sûr et certain
Doit le demander à une femme; il ne l'aura pas en vain.
Leur conseil est si doux et le soir et le matin,
Que jamais homme ne sera déshonoré, si femme n'y met la main.

XXI.	Voir le texte du ms A, couplet XXXII.
XXII.	— — couplet X.
XXIII.	— — couplet XI.
XXIV.	— — couplet XII.
XXV.	— — couplet XV.
XXVI.	— — couplet XIII.

XX. a. — D écrit *sehur*, pour indiquer qu'il est bien dissyllabique (Cf. D. V.).

XX. b. — M. Jubinal imprime : *A femme le voit querre*, ce qui n'a pas de sens. J'avoue que le *d* est mal fait et difficile à lire; mais en examinant bien, on voit un *d* et non un *v*. Le ms D donne, à ce qu'il paraît, *voit*, ce qui, joint à quelques autres indices*, ferait croire que le ms C dérive de D, ou du moins qu'ils dérivent d'une source commune.

D donne : *A femme le voit querre, si n'ira pas en vain.*

Peut-être faut-il lire ici *vat* et non *voit*; le second hémistiche semble l'indiquer; alors la variante de ce second hémistiche s'explique par une erreur de lecture du scribe, qui, ayant lu *vat*, au lieu de *voit*, aura voulu mettre la fin du vers en harmonie pour le sens. M. G. Paris *(l. c.)* donne aussi *voit*.

XX. d. — Ce vers a été mutilé par M. Jubinal, qui lit, en bravant le sens et la mesure :

Ja homs n'iert hormiz se femme n'y met la main.

Le ms porte bien le texte que nous imprimons; il faut retrancher *la* pour la mesure. D'ailleurs D nous fournit cette correction.

XX. 2. — *Querre*, forme régulière de *quærere*. La forme *quérir* est venue de *quærére*, avec déplacement fautif de l'accent. Cf. *conquerre* et *conquérir* ; *requerre* et *requérir*. On trouve *requerre*, au c. XXVIII. a. du ms C.

XX. 3. — *Main* = *matin*, du latin *mane*, tandis que *matin* vient de *matutinum*.

Cf. Berthe aus granz pies :

Si ne menjai-je rien, ce sachiez, des yer main.

* Par exemple, la présence des deux premiers couplets, qui servent de préambule.

* XXVII. Femme est la gentil chose que Dieu fit à s'ymage ;
Les yeux vers et riants, et de gentil corsage,
Les membres bien formés et aussi le visage.

(Le 4° vers manque dans le ms.)
La femme est la gentille chose que Dieu fit à son image ;
Les yeux vers et riants et le corsage gentil (élégant),
Les membres bien formés et aussi le visage.

* XXVIII. *(Le 1ᵉʳ vers manque dans le ms.)*
Requerre sa merci et souvent la prier.
De corps et de chatei du tout s'y affier :
Car elle sait touz mals faire et biens oublier.

Il faut lui demander merci et souvent la prier,
Se fier à elle entièrement en ce qui regarde la personne et les
[*biens* :
Car elle sait faire toute espèce de mal et oublier toute espèce de
[*bien.*

* XXIX. Qui bien avise en femme et ses faiz et ses diz,
Com elle scet aidier a trestouz ses amiz,
Ne sera ja tant folz qu'il n'ait [bien] tost apris
Que quiconque croit femme devient povre et chétiz.

Celui qui remarque bien chez la femme et les actions et les pa-
[*roles,*
Et comme elle sait venir en aide à tous ses amis,
Ne sera jamais tellement fou qu'il n'ait bientôt appris
Que quiconque croit la femme devient pauvre et chétif (misé-
[*rable.*

XXVIII. b. — M. Jubinal imprime, contre la leçon du ms : *Ses beaux yeux vers et rians, et de gentil corsage.*

XXVIII. 2. — *Chatei*, forme adoucie de *chatel*, qui vient du bas-latin *capitale* = biens en général, effets mobiliers et l'ensemble des biens. Cf. Rutebœuf : *J'ai vescu de l'autrui chastei* (du bien d'autrui), *que hom m'a creü* (confié) *et prestei.* Le provençal a *capital, capdal.* Dès le xiiᵉ siècle, on disait *capital*, conjointement avec *chevel*, qui est plus ancien. *Chatel* (ou *chatei*) est normand et picard.

XXIX. c. — Il faut ajouter *bien* pour la mesure du vers.

XXIX. 4. — *Povre* = *pauvre.* La confusion de l'u et du v fait qu'on ne sait pas si dans les hauts temps on prononçait *povre* ou *poure.* On ne ren-

XXX.   Voir le texte du ms B, couplet XVI.
XXXI.   —   —   couplet XVII.
XXXII.   —   —   couplet XVIII.

* Explicit l'Euvangile aux femmes. — *Fin de l'Évangile aux femmes.*

contre *pauvre* qu'au xvi° siècle, avec Montaigne et Amyot ; Calvin écrit encore *povre* (ou *poure*). En Berry on dit encore aujourd'hui *pouvre* et *poure*.

Chetiz au sujet, *chetif* au régime, de *captivus*, qui a donné plus tard *captif*, mot de formation savante. A partir du xiii° siècle, ce mot *chétif*, qui signifiait d'abord *prisonnier*, a commencé à prendre le sens de *misérable, petit, faible*.

* *Explicit*, forme spéciale qu'on trouve dans Isidore et saint Jérôme, et qui peut être considérée comme une 3° pers. du sing. de l'indicatif présent, formée du participe *explicitus*, qui signifie terminé. Par conséquent, *explicit = se termine, finit*. Cette formule est très-commune dans les manuscrits.

NOTICE DU MANUSCRIT D.

Ce ms porte le n° 298 dans le catalogue de la Bibliothèque de la ville de Dijon. Il est de la deuxième moitié du XIV° siècle, d'après le témoignage du savant bibliothécaire, M. Guignard, qui n'ose lui fixer une date antérieure à 1350(1). Il ne peut donc, comme le ms A, nous servir dans notre discussion sur l'origine du *fableau l'Evangile aux femmes*. Il est difficile de classer ce ms, et de saisir le rapport qu'il peut avoir avec les autres. En effet, il offre, conjointement avec C, les deux premiers couplets servant d'introduction, et qui sont d'une si grande importance pour notre thèse. Mais d'autre part, il ne donne pas les 3 derniers couplets spéciaux à B et à C, lesquels semblent s'écarter du plan général de l'œuvre, et dont le dernier désigne nettement *Jehan Durpain* comme l'auteur du *fableau*; et d'ailleurs il présente un couplet, le dixième, qui ne se trouve que dans A, le plus ancien des mss (V. A. XXXI, la table de concordance, page 26, et le tableau de la page 54).

On voit qu'en somme le ms D partage avec C et A le monopole d'un certain nombre de couplets (4 de C et 1 de A); et qu'il n'a de commun avec B que les couplets qui se trouvent dans tous les mss, sauf le couplet VIII, qui se rapporte aux couplets XVII de A, et XIV de B. Mais une chose frappe les yeux dans la table que nous avons donnée, c'est que les couplets de D, si l'on en retranche les deux premiers et les deux derniers, qui lui sont communs avec C, se rapportent tous à A, et sont rangés dans le même ordre, sauf le douzième, qui

(1) Ce travail était en partie imprimé, quand a paru le Bulletin de la Société des anciens textes français, n°s 3 et 4, qui contient une notice de ce ms, par M. G. Paris. D'après les *explicit* qu'il renferme, ce ms aurait été écrit en décembre 1355, pour la partie où se trouve notre fableau, et en septembre 1362, pour le reste.

correspond au dixième de A. Nous en tirerons plus tard des conclusions.

Quant à la langue du ms D, elle est en général celle du ms A, sauf les formes picardes qu'il exclut soigneusement. Il y a beaucoup moins d'erreurs et d'incorrections que dans C ; mais la règle de l's y est moins exactement observée que dans A et B, ce qui indique qu'il ne peut être du commencement du XIVe siècle.

Ayant donné en note les variantes que fournit le ms D, et ce manuscrit n'ayant aucun couplet spécial, nous avons jugé inutile de donner le texte et la traduction à part. La table de concordance indiquerait suffisamment la place où il faut aller chercher ces variantes ; cependant, pour plus de facilité, nous allons donner la liste des couplets de D, en renvoyant aux couplets de A, de B ou de C, auxquels ils se rapportent.

L'ÉVANGILE DES FEMMES
(d'après le manuscrit D.)

I.	Voir le texte du ms C,	c.	I.
II.	—	—	c. II.
III.	Voir le texte du ms A,	c.	I.
IV.	—	—	c. III.
V.	—	—	c. VI.
VI.	—	—	c. VII.
VII.	—	—	c. XII.
VIII.	—	—	c. XVII.
IX.	—	—	c. XXIX.
X.	—	—	c. XXXI.
XI.	—	—	c. XXXII.
XII.	—	—	c. X.
XIII.	Voir le texte du ms C,	c.	XVII.
XIV.	—	—	c. XX.

V

A QUI DOIT-ON ATTRIBUER L'ÉVANGILE AUX FEMMES

Plusieurs critiques, au XVIe et au XVIIe siècle, et M. Jubinal, au XIXe, ont attribué, sans discussion, il est vrai, l'Évangile aux femmes à Jehan Dupain ou Durpain, moine de l'abbaye de Notre-Dame de Vaucelles, près Cambrai, de l'ordre de Citeaux, lequel, d'après les auteurs de biographies les plus accrédités, serait né en 1302, dans le Bourbonnais, et mort en 1372, près de Liège, à l'abbaye des Guillemins, où il fut enterré. Jehan Durpain semble avoir été un personnage considérable dans les lettres au XIVe siècle, à cette époque de transition, où le moyen-âge se mourait, et où la langue, après une brillante période de riche et puissante production, semblait hésiter entre un passé déjà mort et un avenir inconnu qui allait amener la renaissance des lettres anciennes. La Croix du Maine le qualifie de théologien, de médecin, de poète français et d'orateur, quoiqu'il dise quelque part :

« *Je ne suis clerc ne usagez*
Je ne scay latin ne ebrieix. »

Il est surtout connu par un ouvrage de longue haleine, mélange de prose et de vers, comme on en trouve plusieurs à cette époque. qui a pour titre dans certains manuscrits : *Le livre de bonne vie*, et dans d'autres : *Le Champ vertueux de bonne vie*. Cet ouvrage paraît avoir joui pendant deux siècles d'une grande faveur, car on en connaît deux éditions faites à des intervalles assez rapprochés, la première en 1495, à Chambéry, la deuxième à Paris, vers 1520. Il est divisé en deux parties : l'une, en prose, comprend sept livres ; l'autre, en vers, ne comprend qu'un livre qui semble être le résumé des sept autres. L'auteur, sous le nom du chevalier Mandevie, passe en revue dans un songe toutes les conditions humaines, et poursuit de sa verve satirique les papes, les rois, les moines, les prêtres et les artisans, sans oublier personne. C'est là une de ces satires inspirées par le Roman du Renart, qui au XIIIe siècle, sous une forme plus voilée, donna le signal de la révolte contre les institutions féodales.

La Croix du Maine attribue aussi à Jean Durpain un autre ouvrage intitulé l'*Évangile aux femmes,* composé en vers alexandrins de douze syllabes. Le président Fauchet le cite aussi (1) en l'attribuant au même auteur, et le trouve assez bien fait et plaisant. Il commence, dit-il, ainsi : *L'euvangile des femmes vous weil cy recorder,* et finit ainsi : *ces vers Jehans Durpain, un moine de Vaucelles, a fait soutillement.* On voit que Fauchet s'en est rapporté à son manuscrit, qui en effet commence ainsi, et dans lequel le couplet final, ainsi que dans le ms B, est celui-ci, avec quelques variantes légères dans le ms B :

> Ces vers Jehans Durpains, un moine de Vaucelles,
> A fait soutillement, les rimes en sont belles.
> Femmes, priez pour lui, dames et demoiselles,
> Quar par vous sera s'ame mise entre deux foisselles.

Certes, la signature est claire, et tout, jusqu'au trait satirique qui le termine, nous prouve que Jehan Durpain a bien écrit ce couplet ; il a sans doute aussi écrit celui-ci (B. XV), qui ne se rencontre que dans le manuscrit B :

> Couvens de Cantimpré, je di bien et tesmoingne :
> Pesiblement vivez : n'est mestier c'on vous poingne.
> Mestre Ysabiaus i est ; quanques puet du nez froingne,
> Dont n'i a si hardye qui forment nel resoingne.

On sent ici le moine, et le moine proche parent du frère

(1) Recueil de l'origine de la langue et poésie française.

Jehan des Entomeures, de joyeuse mémoire. D'ailleurs le ms B étant de la première moitié du XIVe siècle, les dates s'accordent, et la rédaction du fableau pourrait être sans restriction attribuée à Jehan Durpain, si nous n'avions un ms antérieur, le ms A, qui ne porte nullement les 2 couplets ci-dessus, pas plus que les deux premières strophes des mss C, D, lesquelles doivent aussi entrer en discussion. Le ms A appartient en effet aux dernières années du XIIIe siècle, comme l'a démontré M. P. Meyer, dans la notice qu'il lui a consacrée, par l'examen de plusieurs de ses pièces. D'ailleurs, par l'écriture et par la langue, ce ms ne saurait être attribué à la seconde partie du XIVe siècle, ce qui serait nécessaire pour que le fableau l'*Évangile aux femmes* pût être attribué à Jehan Durpain, dans sa rédaction primitive : en réalité il date de 1295 ou 1296. Il faut donc admettre qu'il a existé une rédaction de notre poëme, antérieurement à la naissance de Durpain, que l'on croit né en 1302. Montrons maintenant que de fortes raisons inclinent à croire que Marie de Compiègne est l'auteur de la rédaction première.

Le ms C commence par les deux couplets suivants, qui ne se rencontrent pas dans AB, mais que l'on retrouve dans D (le ms de Dijon).

1. L'euvangile des femmes vous weil cy recorder;
Moult grand prouffit y a qui le veult escouter.
Cent jours de hors pardon s'y porroit conquester;
Marie de Compiegne le conquist oultre mer.
2. L'euvangille des femmes si est et bonne et digne ;
Femme ne pense mal ne nonne, ne beguine ;
Ne que fait le renart qui happe la geline,
Si com le raconte Marie de Compigne.

Et les trois couplets qui suivent ceux-ci correspondent aux trois premiers des mss A et B. On a voulu voir là des couplets appartenant à la rédaction originale ; mais le couplet qui indique Jehan Durpain comme l'auteur du poème, et qu'on trouve aussi à la fin de la rédaction du ms C, empêche d'adopter cette opinion. Voici ce qui nous semble le plus probable. Les deux strophes ci-dessus ont dû être ajoutées au texte et mises en tête du poème comme une préface, qui devait indiquer l'origine première du fableau populaire aux rédactions variées. A quelle époque a eu lieu cette addition ? C'est ce qu'il serait difficile de déterminer. En effet, par le style et l'orthographe, elles ne se distinguent pas des 30 autres strophes de la rédaction contenue dans C, lequel n'est pas antérieur à la dernière partie du XV° siècle. Ce ms, d'ailleurs, contient 8 couplets qui ne se trouvent pas dans les mss A, B, D, bien plus anciens que C, et il atteste par conséquent un développement du sujet primitif. Ce développement, il faut l'avouer, n'est pas toujours heureux, et s'écarte souvent du plan original que nous avons signalé, plan qui consiste dans l'opposition du sens du dernier vers au sens des vers précédents. Il faut, à notre avis, interpréter le dernier vers de la première strophe :

Marie de Compiegne le conquist oultre mer,

en ce sens que Marie de Compiègne trouva en Angleterre l'idée première de cet Évangile aux femmes, c'est-à-dire de cette admonestation à l'adresse des femmes. On veut dire par là, sans doute, qu'elle imagina le procédé piquant, qui consiste à faire d'abord un grand éloge de la femme, pour changer ensuite cet éloge en blâme, par l'impossibilité exprimée dans le dernier vers.

Le troisième vers de cette strophe a été interprété par M. Hertz (Lais de Marie de France traduits en allemand. *Préface*), d'une façon abusive. Il prétend, en effet, qu'il faut lire *cent jours dehors pardon*, et non : *cent jours de hors pardon*, et entendre que Marie de Compiègne conquit outre-mer, c'est-à-dire en Palestine, ces cent jours d'indulgence promis à ceux qui écoutent l'Évangile aux femmes. A l'en croire, on ne gagnait des indulgences qu'au voyage de la Terre sainte, et ces mots *oultre mer* ne sauraient s'appliquer au voyage et au séjour de Marie en Angleterre. Il en conclut qu'il s'agit d'une autre Marie, qui aurait composé des Fables aujourd'hui perdues, et dont le nom seul nous serait connu. C'est se donner bien du mal en pure perte. M. Hertz n'a point vu, il est vrai, de manuscrit de l'Évangile aux femmes ; il cite d'après l'*Histoire littéraire de la France* le couplet qu'il donne et encore le cite-t-il mal, donnant le mot *frappe* au lieu de *happe,* ce qui donne un sens ridicule. Il ignore donc la leçon du ms de Dijon, qui substitue le mot *vray* au mot *hors*, et montre ainsi qu'il faut non un adverbe, mais un adjectif avec la préposition *de.* Que cet adjectif soit *hors*, avec le sens satirique de *vilain, mauvais*, ce qui ne répondrait pas trop mal, à notre avis, au ton ironique de tout le morceau ; que ce soit *fors,* devenu *hors* par une erreur de copiste, et signifiant *bon, solide, sérieux,* peu importe. Mais ce qu'on ne saurait admettre, c'est qu'il faille voir dans les mots *oultre mer,* l'indication d'un voyage à la Terre sainte. A quoi bon aller si loin pour gagner les indulgences que peut procurer une satire si peu respectueuse, et un évangile si peu canonique ? Le bon traducteur des *Lais* a été trompé par le second couplet qu'il a lu, et qui rappelle la fable de Marie de Compiègne où il est question d'un *Renart happant une geline.* Il n'y a pas, dit-il, de fable portant ce titre, dans l'Ysopet ; donc cette fable est d'un autre fabuliste nommé Marie. Il est vrai qu'aucune des fables ne porte exactement ce titre ; mais il y en a une où un renard fait preuve de ruse en happant un coq, par un artifice à peu près semblable à celui par lequel un autre renard enlève au corbeau son fromage (1). Voici cette fable, telle que la donne Tyrwhitt (The poetical Works of Chaucer : intro-

---

(1) Voir la fable de Marie de Compiègne, *Dou Corb e d'un Werpil,* ci-dessus, page 15.

ductory discourse to the cant. tales § XXXVI, n° 29). Le texte que donne Roquefort (f. 41) est un mélange confus des formes et des leçons des divers mss :

DOU COC ET DOU WERPIL

D'un cok racunte ki estot
Sur un femer e si chantot.
Par delez li vient un gupilz,
Si l'apela par muz beaus diz :
« Sire, fet-il, muz te vei bel ;
« Unques ne vi si gent oisel.
« Clere voiz as sur tute rien ;
« Fors tun pere, qe jo vi bien,
« Unques oisel meuz ne chanta ;
« Mes il le fist mieux, kant cluna. »
« — Si puis jeo fere », dist li cocs ;
Les eles bat, les oilz ad clos.
Chanter cuida plus clerement.
Si Gupil saut, e si le prent ;
Vers la forest od lui s'en va.
Parmi un champ u il passa,
Curent apres tut li pastur ;
Li chiens le huent tut entur.
Veit le Gupil, ki le cok tient,
Mar le guaina, si par eus vient.
Va, fet li cocs, si lur escrie,
Qe sui tuens, ne me larras mie.
Li Gupil velt parler en haut,
Et li cocs de sa buche saut.
Sur un haut fust si est muntez
Quant le Gupilz s'est reguardez,
M ut par se tient enfantillé,
Que li cos l'ad si enginné.
De mal talent e de droit ire
La buche comence a maudire,
Ke parole quant devreit taire.
Li cocs respunt : « Si dei jeo faire ;
Maudire l'oil, ki volt cluiner,
Quant il deit guarder et guaitier,

> Que mal ne vient a lur Seignur.
> Ceo funt li fol tut li plusur ;
> Parolent quant deivent taiser,
> Teisent quant il deivent parler.

La fable suivante du recueil parle d'un renard qui tente d'*engignier* un pigeon ; mais ceci s'éloigne davantage de notre geline.

Est-il téméraire de supposer que la geline a pris la place du coq, dans les souvenirs du poète qui comparaît la bonne foi de la femme à celle du renard qui happe ou qui cherche à happer un volatile quelconque? La confusion est très-naturelle. Il faut donc admettre que l'auteur, quel qu'il soit, du second couplet que l'on rencontre dans les mss C et D, a voulu désigner l'auteur de l'Ysopet par ces mots *Marie de Compiègne*. L'intention me semble d'autant plus manifeste, que la même expression se trouve déjà dans le premier couplet de CD. :

Marie de Compiègne le conquist oultre mer,

et qu'on ne connaît point d'ailleurs de poète de ce nom au XIIIe siècle, ni d'œuvre que l'on puisse attribuer à une Marie de Compiègne qui serait distincte de l'auteur des *Fables* et d*Lais*.

Un autre détail vient encore confirmer notre hypothèse. Dans le même ms C, nous trouvons ce couplet (C. XI) qui lui est particulier :

> Femme fait volentiers, ce semble, son povoir,
> Afin qu'on ne la puisse par engin decevoir ;
> Si a envis fait chose ou il n'ait grant savoir,
> *Com renart prend geline*, quant il la veut avoir.

Il semble que l'auteur insiste ici, non sans malice et sans intention, sur cette comparaison du renard qui prend la geline, avec la femme toujours prête à user de ruse. Et notez que ce couplet, ainsi que les deux premiers, ne se trouvant pas dans les mss antérieurs, c'est-à-dire dans ceux du XIIIe et du XIVe siècle, nous n'avons pas à réfuter l'objection de ceux qui pourraient s'étonner que Marie de Compiègne parlât d'elle-même à la 3ᵉ personne et fît allusion à ses autres ouvrages, comme si elle parlait d'une personne étrangère.

Le ms D nous offre au début, comme le ms C, les 2 couplets qui attribuent la première rédaction du fableau à Marie de Compiègne. Puis viennent 10 couplets qui se trouvent également dans A, et qui, sauf le dixième, sont rangés dans le même ordre. Enfin, 2 couplets qui ne se trouvent que dans C et D. Ce fait nous semble confirmer notre hypothèse d'une addition des deux premiers couplets de CD à un fonds plus ancien, mais singulièrement diminué, puisqu'il ne renferme plus que 10 couplets sur 33. Les deux derniers ne peuvent s'expliquer qu'en admettant, ou qu'ils sont l'œuvre du compilateur qui a rédigé le ms D, hypothèse que semble appuyer cette particularité qu'ils s'écartent du plan original de l'œuvre ; ou bien qu'ils étaient déjà dans le ms qui a donné A, et que le scribe de A a oublié de les transcrire, comme étant à la fin. Mais je préfère la première hypothèse, par la raison que le dernier couplet de A, par les conseils qu'il donne, semble bien avoir été le dernier de la série, et avoir terminé la rédaction primitive.

Le ms B, renfermant l'apostrophe au couvent de Cantimpré, et le couplet final qui porte la signature peut être à la rigueur attribué à Jehan Durpain, puisque ce ms ne date que de la seconde moitié du XIVᵉ siècle. Mais étant donnée la façon dont semblent avoir été combinées les autres rédactions, je ne serais pas éloigné de croire que le scribe s'est servi du nom alors populaire de *Durpain* le satirique, pour donner du relief à l'œuvre qu'il transcrivait. Les deux couplets qui commencent CD, et qui ne se trouvent pas dans B, peuvent, ou bien être considérés comme l'œuvre de Durpain, qui aurait alors voulu, tout en remaniant le vieux fableau, et le signant de son nom, reconnaître que l'idée première appartenait en réalité à Marie de Compiègne, l'auteur des Fables ; ou plutôt comme l'œuvre du scribe ou du trouvère plagiaire, qui aurait reconnu à Marie la paternité de l'œuvre primitive, tout en s'emparant du nom de Jehan Durpain pour donner plus d'autorité à sa rédaction.

Quant au ms A, notons en passant que les 12 couplets qui lui sont spéciaux (XVII à XXVIII) et XXXIII, se suivent tous, sauf le dernier ; on peut donc croire que les autres mss sont calqués sur lui pour le fonds essentiel, ou du moins sur un ms type de A, qui aurait été mutilé. Le dernier couplet de A, qui semble avoir été destiné à terminer l'œuvre, ne saurait faire difficulté.

Le manuscrit A étant, comme nous l'avons dit, le plus ancien des quatre, et pour l'écriture et pour l'orthographe et pour la langue, doit être attribué à un scribe de la fin du XIIIe siècle, c'est-à-dire qu'il a été écrit avant la naissance de Jehan Durpain. Par conséquent tous les couplets qu'il contient, au nombre de 33, sont d'un autre auteur que Durpain. Parmi ces couplets, 12 sont spéciaux au ms A ; sur les 21 autres, 2 lui sont communs avec le ms B seulement, 6 avec le ms C seulement, 1 avec le ms D ; les autres appartiennent à 3 ou à 4 mss. On peut donc croire que Jehan Durpain a trouvé un texte déjà populaire, et qu'il a composé quelques strophes additionnelles sur le même plan ; qu'alors un copiste est survenu qui a joint les deux poèmes, sans doute de mémoire, oubliant certaines strophes de l'un et de l'autre, et mettant sur le tout la signature qui n'appartenait qu'à une partie : ce qui a donné le ms B, dont 14 couplets sur 16 se trouvent dans A. A la même époque avait lieu l'addition des deux premiers couplets qui servent de préambule aux 12 couplets du ms D. Nous avons déjà dit ce que nous en pensions.

Environ un demi-siècle plus tard, postérieurement à l'an 1400, un autre scribe, beaucoup mieux informé que le premier, a réuni 32 couplets, au lieu de 18 que contient le ms B ; et trouvant la confusion déjà complète, n'a pas hésité à mettre dans une même rédaction le couplet qui renferme la signature de Jehan Durpain, et les deux premiers qui attestent une origine différente, de même pour le texte primitif. De là le ms C. Il ne serait pas impossible d'ailleurs, comme nous l'avons dit plus haut, que les 2 couplets qui sont en tête du ms C fussent l'œuvre de Jehan Durpain, et qu'il eût voulu avouer ainsi qu'il ne faisait qu'imiter Marie de Compiègne, à qui remontait l'idée première et une partie de la rédaction de l'Évangile aux femmes.

Il ne faut pas trop s'étonner de ces incertitudes que l'on rencontre à chaque pas dans la recherche de l'authenticité des textes au moyen-âge, et de ces confusions *volontaires* ou *involontaires* que font les scribes à propos des auteurs des textes qu'ils transcrivent. Un homme très-autorisé en pareille matière, M. Paul Meyer, dit à ce sujet, en parlant des *Vers de la Mort* d'Hélinand (Romania I, p. 367) : « Ce qui est digne de remarque, c'est l'absence de tout nom d'auteur dans tous les manuscrits si nombreux qui nous ont conservé cette pièce d'Hélinand. Rien ne prouve mieux combien avaient peu de chances de nous être transmis les noms de nos anciens auteurs romans, à moins qu'ils n'eussent été insérés dans la teneur de leurs œuvres. *Et encore, même dans ce cas, combien de fois n'arrive-t-il pas que les copistes suppriment le passage où l'auteur a pris soin de se nommer !*

C'est ce qui est peut-être arrivé pour le texte primitif de l'Évangile aux femmes, où sans doute Marie de Compiègne avait eu soin de se nommer, comme elle l'a fait dans ses lais et dans le Prologue de ses fables. Le scribe du ms A n'a pas cru devoir transcrire ou n'a pas connu le couplet qui aurait franchement tranché la question. Et les deux manuscrits qui portent une signature ne pourraient que nous induire en erreur, comme cela est arrivé pour tous ceux qui n'ont pas eu entre les mains, ou qui n'ont pas suffisamment étudié le ms A, c'est-à-dire celui qui a dû être calqué sur le ms original ou sur un ms contemporain.

VI

CONCLUSION

De toutes les considérations qui précèdent, on peut, ce nous semble, sans crainte d'être taxé de hardiesse présomptueuse, conclure ce qui suit :

1° Nous ne possédons pas le ms original du fableau intitulé l'Évangile aux femmes.

2° Le ms A (n° 1553, B.N.), qui date de la fin du XIII° siècle, est celui qui doit se rapprocher le plus du texte primitif, et sa date empêche qu'on n'attribue la première rédaction du fableau à Jehan Durpain.

3° Le texte contenu dans les ms B, C, D (n. 837 et 1593 B,N, et 298, bibl. de Dijon), peut être attribué à Jehan Durpain, pour les parties qui ne se retrouvent pas dans le ms A. Cependant certaines strophes spéciales au ms C pourraient bien être l'œuvre d'un poète postérieur à Jehan Durpain ; et toutes les parties étrangères au ms A pourraient appartenir à un plagiaire qui aurait emprunté le nom de Durpain pour autoriser son œuvre, assez faible d'ailleurs dans la partie qui n'est pas empruntée à la rédaction originale.

4° La rédaction première de l'Évangile aux femmes doit être attribuée à Marie de Compiègne, d'après le témoignage très-explicite des mss C et D. Sur ce thème primitif, devenu populaire, plusieurs poètes ont brodé sans doute des variations qui ont eu plus ou moins de succès. La rédaction de Jehan Durpain, ou de celui qui a pris son nom, semble avoir été la plus goûtée, et elle s'est confondue peu à peu avec la rédaction originale qu'elle a absorbée en partie, ce qui a fait depuis attribuer à Durpain l'œuvre tout entière.

5° L'identité de Marie de France avec Marie de Compiègne est prouvée par les rapprochements contenus dans les deux premiers couplets du ms C, et l'auteur des *Fables* et des *Lais* et de la première rédaction de l'*Évangile aux femmes* est bien née à Compiègne.

Si l'on admet ces conclusions, il en résulte que l'on ne doit point s'arrêter à l'objection de ceux qui s'étonneraient de voir une femme parler avec si peu de respect de son sexe. Une femme poète au moyen-âge devait être plus qu'aujourd'hui une anomalie ; il fallait, pour que ce phénomène pût se produire, et une personnalité très-marquée, et des circonstances particulières, capables de favoriser l'éclosion d'un talent que les mœurs de cette époque ne pouvaient guère susciter. Il n'est donc pas étonnant de trouver réunies dans Marie des qualités si différentes : une énergie virile et une sensibilité féminine, le don de l'enthousiasme et l'esprit satirique, l'imagination chevaleresque et la simplicité modeste.

www.ingramcontent.com/pod-product-compliance
Lightning Source LLC
LaVergne TN
LVHW050601090426
835512LV00008B/1293